Holland/Scharnbacher · Grundlagen der Statistik

Prof. Dr. Heinrich Holland
Prof. Dr. Kurt Scharnbacher

Grundlagen der Statistik

Datenerfassung und -darstellung, Maßzahlen, Indexzahlen, Zeitreihenanalyse

5., überarbeitete Auflage

GABLER

Die Deutsche Bibliothek – CIP-Einheitsaufnahme
Ein Titeldatensatz für diese Publikation ist bei
Der Deutschen Bibliothek erhältlich

1. Auflage 1991
2., überarbeitete Auflage 1997
3., überarbeitete Auflage 1998
4., überarbeitete Auflage 2000
5., überarbeitete Auflage Februar 2001

Der Gabler Verlag ist ein Unternehmen der Fachverlagsgruppe BertelsmannSpringer.

www.gabler.de

Höchste inhaltliche und technische Qualität unserer Produkte ist unser Ziel. Bei der Produktion und Verbreitung unserer Bücher wollen wir die Umwelt schonen. Dieses Buch ist deshalb auf säurefreiem und chlorfrei gebleichtem Papier gedruckt. Die Einschweißfolie besteht aus Polyäthylen und damit aus organischen Grundstoffen, die weder bei der Herstellung noch bei der Verbrennung Schadstoffe freisetzen.

Satz: Publishing Service H. Schulz, Dreieich
Druck und buchbinderische Verarbeitung: Wilhelm & Adam, Heusenstamm
Printed in Germany

ISBN 3-409-52700-1

Vorwort

Die zunehmende Bedeutung der Statistik hat zur Folge, dass grundlegende Kenntnisse der statistischen Methodenlehre notwendig sind, um gesellschaftliche wie betriebliche Zusammenhänge erkennen und darstellen zu können.

In dem vorliegenden Buch werden die wichtigsten statistischen Methoden mit ihren Einsatzmöglichkeiten in der betrieblichen Praxis dargestellt. Dabei wird das Ziel verfolgt, dem Leser durch eine praxis- und entscheidungsorientierte Darstellungsweise die Anwendungsmöglichkeiten der statistischen Methoden nahezubringen. Übersichtlich strukturierte Schemata und Zusammenfassungen geben dabei eine Hilfestellung.

In jedem Kapitel wird der Stoff anhand von betrieblichen Beispielen erläutert und vertieft. Weitere Fragen und Aufgaben mit Musterlösungen machen es möglich, den Stoff selbst zu erarbeiten.

Das vorliegende Buch ist besonders gedacht für den Unterricht an Wirtschaftsfachschulen, Wirtschaftsgymnasien, Leistungskursen Wirtschaft an Gymnasien, Fachoberschulen und Fachakademien.

Die 5. Auflage wurde kritisch durchgesehen und aktualisiert.

Heinrich Holland
Kurt Scharnbacher

Inhaltsverzeichnis

Anhang:

1 Grundlagen der Statistik in der Betriebswirtschaft

Lernziel:

> Sie sollen die **Aufgaben** der Statistik und die Einteilung der statistischen Methoden kennen. Sie sollen die elementaren Grundbegriffe und die einzelnen Stufen eines planmäßigen Vorgehens bei einer statistischen Untersuchung anwenden können.

1.1 Bedeutung der Statistik

Im täglichen Leben hört man immer wieder Bemerkungen, die die Statistik belächeln oder ihren Aussagewert bezweifeln. Statistik wird in diesem Zusammenhang als die letzte Steigerungsform der Lüge bezeichnet:

„Kennen Sie die Steigerungsformen der Lüge?
Die Notlüge, die gemeine Lüge und die Statistik."

Das Wort Statistik weckt bei vielen Menschen ein unangenehmes Gefühl, man denkt an unüberschaubare Mengen von Zahlenmaterial in langen Tabellen und komplizierte mathematische Verfahren. Diese negative Haltung könnte daraus resultieren, dass jeder von uns täglich in den Medien mit statistischem Material konfrontiert wird, aber viele nicht in der Lage sind, diese Ergebnisse zu interpretieren.

Auf der anderen Seite kann man sich Argumenten nicht entziehen, wenn sie mit statistischen Zahlen untermauert werden und damit den Anschein einer unumstößlichen Tatsache bekommen.

Die unklare Meinung darüber, was unter Statistik zu verstehen ist, wird dadurch verstärkt, dass der Begriff **in doppeltem Sinne** gebraucht wird:
- Statistik bedeutet erstens eine **zahlenmäßige Zusammenstellung** von Ergebnissen einer Untersuchung. Eine Statistik in diesem Sinne besteht meist aus einer Tabelle. Beispielsweise bezeichnet man die Ergebnisse der Volkszählung als Statistik. Andere Beispiele sind die Bevölkerungsstatistik, in der alle Einwohner eines Landes nach verschiedenen Merkmalen gegliedert werden, die Statistik der Ehescheidungen, die Außenhandelsstatistik oder eine Schulnotenstatistik.
- Eine andere Bedeutung der Statistik betrifft die **Methoden**, mit denen Daten über zahlenmäßig erfassbare Massenerscheinungen untersucht werden können.

Aus der Definition sind bereits zwei wichtige **Voraussetzungen** für die Anwendung statistischer Methoden erkennbar:

- Statistik beschäftigt sich mit **Massenerscheinungen**, also mit Ereignissen, die sehr häufig auftreten. Der einzelne Autofahrer braucht keine statistischen Methoden zur Charakterisierung seines neuen Autos. Allerdings ist es für einen Automobilproduzenten wichtig, die verkauften Autos, die für ihn eine Massenerscheinung darstellen, mit Hilfe der Statistik zu analysieren und beispielsweise die durchschnittliche Motorenstärke und den Durchschnittsverkaufspreis zu erfassen.
- Die zweite Voraussetzung besteht darin, dass diese Massenerscheinungen **zahlenmäßig erfassbar** sein müssen. Die untersuchten Tatbestände müssen durch Zahlen beschrieben werden, damit statistische Methoden anwendbar sind.

Statistische Methodenlehre beschäftigt sich mit

Massenerscheinungen, die **zahlenmäßig erfassbar** sind

Arthur Conan Doyle lässt seinen Romanhelden Sherlock Holmes in dem Buch „Im Zeichen der Vier“ sagen: „... der Mensch sei zwar als Individuum ein unlösbares Rätsel, aber als Masse wird er berechenbar. Man kann ihn dann fast mit mathematischer Sicherheit berechnen. Sie können zum Beispiel nie voraussagen, was ein einzelner Mann tun wird, aber Sie können mit ziemlicher Genauigkeit sagen, was eine Durchschnittszahl von Menschen tun wird. Einzelwesen variieren, aber Prozentsätze bleiben konstant, sagt der Statistiker.“

Die **Aufgabe** der Statistik besteht darin, Informationen zu liefern, die als Grundlage für Entscheidungen herangezogen werden. Statistik hat die Aufgabe, **Informationsgrundlagen** für Entscheidungsträger zu liefern und damit die Unsicherheit möglichst weitgehend zu beseitigen. Dadurch wird die Qualität der getroffenen Entscheidung erhöht.

Wenn das Warenhaus „Kaufgut“, das in den Beispielen der folgenden Kapitel immer wieder aufgegriffen wird, vor der Entscheidung steht, auch in einem ausländischen Land Filialen zu eröffnen, besteht zunächst Unsicherheit darüber, wie es sich entscheiden soll. Um die Unsicherheit zu reduzieren und die Entscheidung nicht nur auf „unternehmerisches Fingerspitzengefühl“ zu basieren, benötigt das Management Informationen, die sich zum großen Teil durch statistische Methoden beschaffen lassen.

Das Zahlenmaterial über das den Unternehmer interessierende Land und seinen speziellen Markt stellt zunächst eine unübersichtliche Zahlenmenge dar, die weniger informiert als verwirrt. Es ist notwendig, die anfallenden Zahlen zu verarbeiten und mit Hilfe statistischer Methoden zusammenzufassen. Dabei werden die Informationen reduziert und verdichtet, wobei aber die relevanten Informationen erhalten bleiben.

Statistik erlaubt es, aus einer großen Datenmenge durch geeignete Verfahren die Werte zu berechnen, die als Grundlage für die Entscheidungsfindung dienen.

Bei dieser Informationsreduktion gehen zwar Einzeldaten verloren, aber die Interpretation der Daten wird vereinfacht.

Wenn man hört, dass sich der Preisindex für die Lebenshaltung im November eines Jahres um 3 % gegenüber dem Vorjahr erhöht hat, weiß man nicht mehr, wie sich der Preis für ein Kilogramm Kartoffeln erhöht hat. Man kann jedoch aus diesem Wert die durchschnittliche Inflationsrate erkennen und mit anderen Ländern oder Zeiten vergleichen.

1.2 Statistische Methodenlehre

In der statistischen Methodenlehre werden im Allgemeinen zwei Teilgebiete unterschieden:

- Die **deskriptive** (beschreibende) Statistik beinhaltet die Verfahren, die Daten aus Untersuchungen systematisch aufbereiten und die wichtigsten Informationen herausfiltern. Mit diesen Verfahren werden beispielsweise die Daten einer Befragung in Tabellen und Schaubildern dargestellt, und es werden statistische Maßzahlen berechnet. Das vorliegende Buch wird sich mit den Grundlagen der deskriptiven Statistik beschäftigen.
- Die **induktive** (schließende) Statistik geht weiter und schließt von den Daten, die nur an einem Teil der Gesamtmenge erfasst wurden, auf die Gesamtheit. Aus der Befragung einer Anzahl von Personen nach ihren Wahlabsichten, wenn am nächsten Sonntag Bundestagswahlen wären, schließt man auf die Gesamtheit aller Wahlberechtigten und versucht die Sitzverteilung im Bundestag zu prognostizieren. Die induktive Statistik schließt in der Regel von der Stichprobe auf die Gesamtheit, wobei dieser Schluss auf der Grundlage der Wahrscheinlichkeitsrechnung basiert. Die induktive Statistik wird im vorliegenden Buch nicht dargestellt.

1.3 Betriebliche Statistik

Innerhalb der betrieblichen Statistik, die als Teilgebiet des betrieblichen Rechnungswesens geführt wird, lassen sich beispielsweise folgende **Anwendungsbereiche** unterscheiden:

- Die Umsatzstatistik führt den Umsatz des Unternehmens differenziert nach Produkten, Kunden, regionalen Absatzgebieten usw. auf.
- Die Kostenstatistik dient der Untersuchung von Kostenstrukturen und der Änderung der Kosten bei Produktionsveränderungen.

- Die Rentabilitätsstatistik stellt Umsätze und Kosten gegenüber und ermittelt den Gewinnbetrag der einzelnen Produkte.
- Die Produktionsstatistik überwacht die Produktionsmenge und den dabei entstehenden Ausschuss.
- Die Personalstatistik gibt der Personalabteilung einen Überblick über die Anzahl und die Art der Beschäftigten sowie über die Lohnstruktur.

Daneben lassen sich viele weitere Anwendungsbereiche finden, von denen einige schlagwortartig aufgezählt werden sollen: Liquiditäts-, Lager-, Kapazitäts-, Arbeitszeitstatistik.

In allen genannten Fällen beschäftigt sich die Statistik mit nummerisch erfassbaren Massenerscheinungen und dient dazu, Informationen zu liefern, die als Grundlage für die Entscheidungsfindung dienen.

Die **Bedeutung** der Betriebsstatistik hängt von der Größe des Unternehmens ab. Ab einer bestimmten Größe ist ein Überblick über alle Unternehmensaktivitäten nur noch mit Hilfe von statistischen Methoden möglich.

1.4 Merkmale, Merkmalsausprägungen und Skalen

Bei einer statistischen Untersuchung werden immer ein oder mehrere **Merkmale** von **Untersuchungsobjekten** erfasst, die sich wie folgt abgrenzen lassen:

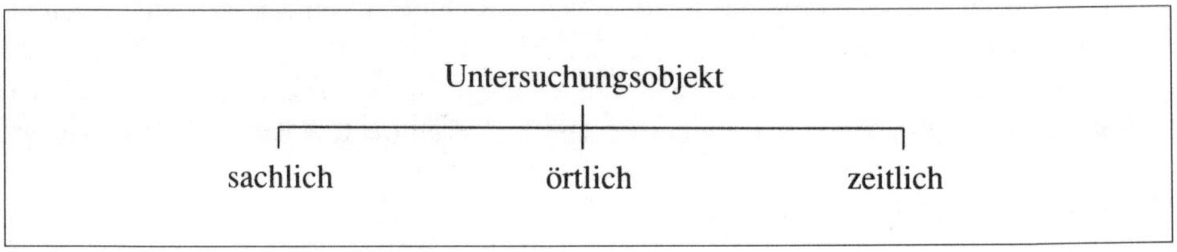

Ein Untersuchungsobjekt könnte eine Person (sachliche Abgrenzung), beispielsweise als Mitarbeiter eines Unternehmens in einer bestimmten Niederlassung (örtlich), sein. Die Merkmale, für die man sich zu einem bestimmten Zeitpunkt (zeitlich) interessiert, könnten sein: Geschlecht, Alter, Einkommen, berufliche Stellung usw. Jedes Merkmal hat mindestens zwei, meistens aber mehr **Merkmalsausprägungen**. Für die aufgezählten Merkmalsausprägungen werden unterschiedliche **Skalen** zur Messung herangezogen. Die Anwendbarkeit verschiedener statistischer Methoden setzt ein bestimmtes Skalenniveau der Merkmale voraus.

Vier Skalen sind zu unterscheiden:

1. **Nominalskala**

   Die Merkmalsausprägungen sind unterscheidbar aber **nicht in eine Reihenfolge** zu bringen. Beispiele für nominalskalierte Merkmale sind: Geschlecht, Religion, Beruf, Nationalität

2. **Ordinalskala**

   Zwischen den Merkmalsausprägungen besteht eine **natürliche Rangordnung**, allerdings können die **Abstände nicht angegeben** werden. Die Schulnoten unterliegen der Ordinalskala. Man kann sagen, dass eine „1" besser ist als eine „2" und dass eine „5" schlechter ist als eine „4", aber man kann den Abstand zwischen zwei Noten nicht angeben. Der Abstand muss auch nicht immer gleich sein. Die Einteilung der Punkte in Klassen zur Bildung der Noten kann mit unterschiedlichen Klassenbreiten vorgenommen werden. Auch kann eine gute „3" viel näher an einer schlechten „2" liegen als eine gute „3" an einer schlechten „3".

3. **Intervallskala**

   Es besteht eine Rangordnung, auch die Abstände sind quantifizierbar, allerdings ist der **Nullpunkt willkürlich festgelegt** worden. Die Intervallskala ist, wie auch die Ordinalskala, selten. Ein Beispiel für ein mit der Intervallskala gemessenes Merkmal ist unsere Temperaturmessung in Grad Celsius. Der Nullpunkt ist recht willkürlich festgesetzt, die Messung in Fahrenheit oder Kelvin unterstellt andere Nullpunkte. Auch unsere Kalenderzeitrechnung ist hier einzuordnen. Es gibt andere Kulturen, die ebenfalls mit Jahren und Monaten rechnen, aber einen anderen Nullpunkt ihrer Zeitrechnung festgelegt haben (im jüdischen Kalender 3761 v. Chr., im mohammedanischen 622 n. Chr.).

4. **Verhältnisskala**

   Zusätzlich zu den Eigenschaften der Intervallskala kommt hier der **absolute Nullpunkt** dazu. Diese Skala ist die am häufigsten vorkommende und misst Entfernungen, Größen, Flächen, Inhalte usw. (in Metern, Quadratmetern, Litern, Kilogramm usw.). Erst bei dieser Skala ist es sinnvoll, Quotienten zu berechnen. Man kann sagen, 100 km sind doppelt so viel wie 50 km und 25 DM sind halb so viel wie 50 DM. Auch wenn man diese Werte in andere Maßeinheiten umrechnet (z. B. Meilen und Dollar), bleiben die Aussagen richtig. Das ist bei der Intervallskala anders. Die Aussage „20 Grad Celsius ist doppelt so warm wie 10 Grad Celsius" macht keinen Sinn, denn bei Umrechnung in Fahrenheit ergibt sich ein anderes Verhältnis.

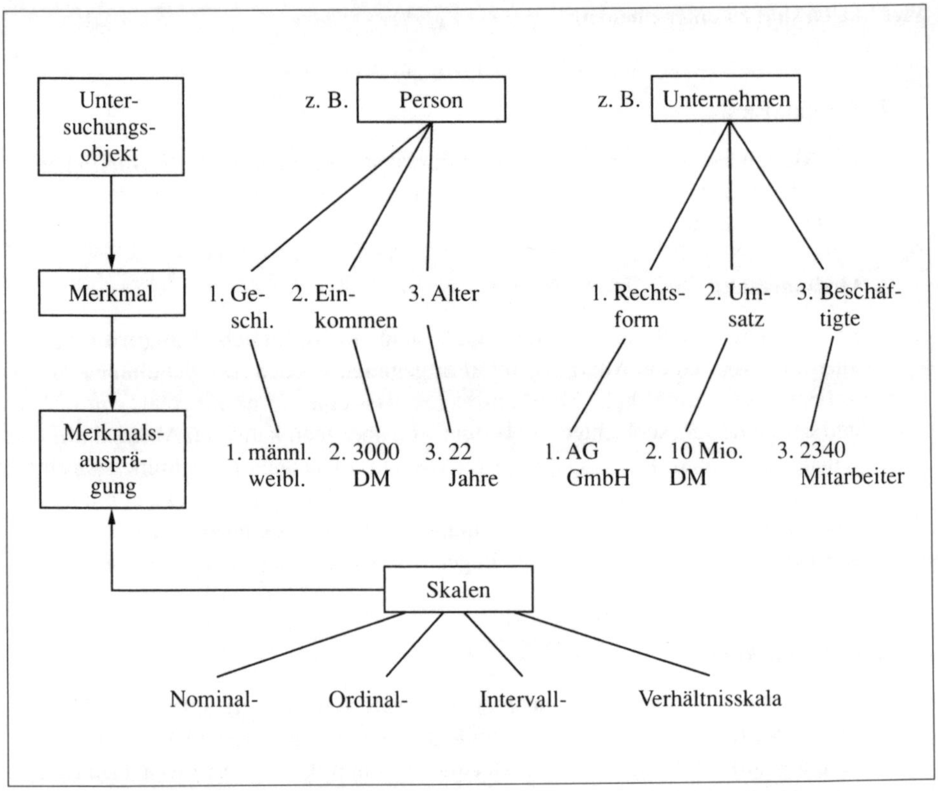

Abb. 1: Zusammenhang zwischen den Begriffen: Untersuchungsobjekt, Merkmal, Merkmalsausprägung, Skala

Für die meisten statistischen Methoden gilt die Voraussetzung, dass die Daten mit der Verhältnis- oder Intervallskala gemessen sein müssen; diese beiden Skalen werden auch als **metrisch** bezeichnet.

Beispiele:

Untersuchungsobjekt: Auto

Merkmal:	**Merkmalsausprägungen:**	**Skala:**
Hersteller	Ford, Opel, Mercedes, …	Nominalskala
Farbe	weiß, rot, beige, blau, …	Nominalskala
Testergebnis	sehr gut, gut, …	Ordinalskala
Leistung (KW)	50, 70, 73, …	Verhältnisskala
Preis (TDM)	18, 20, 30, …	Verhältnisskala

1.5 Vorgehensweise bei statistischen Untersuchungen

Ein Unternehmer, der sich überlegt, ein Zweigwerk in einem ausländischen Land zu errichten, um den dortigen Markt mit seinen Produkten zu beliefern, wird zunächst mit Hilfe statistischer Untersuchungen Informationen sammeln, um seine Entscheidung darauf aufzubauen. Dazu ist eine Vorgehensweise in sechs Stufen empfehlenswert.

Vorgehensweise bei statistischen Untersuchungen

1. Problemstrukturierung	Zunächst wird das Problem genau definiert. Für das obige Beispiel des „Kaufgut“ Warenhauses ist festzulegen, um welches Land es geht, welche Produkte dort verkauft werden sollen, ob die Produkte an die dortige Nachfrage angepasst werden müssen usw.
2. Analyse des vorhandenen Materials	Das bereits vorliegende Datenmaterial wird auf den Untersuchungszweck hin analysiert; man spricht mit Experten über das Thema und versucht das Problem immer klarer zu erfassen.
3. Datenbeschaffung	Die Beschaffung von statistischem Datenmaterial erfolgt auf zwei Wegen (vgl. Kapitel 2): 1. Sekundärstatistik 2. Primärstatistik
4. Datenaufbereitung	Das Datenmaterial wird für die Anwendung der statistischen Methoden vorbereitet; dazu gehören: Verschlüsselung, Klasseneinteilung (vgl. Kap. 2)
5. Auswertung	Die statistischen Methoden werden auf das Zahlenmaterial angewandt, um die wichtigsten Ergebnisse hervorzuheben und Zusammenhänge zu analysieren (vgl. Kap. 3 und folgende).
6. Interpretation	Die festgestellten Ergebnisse sind in Bezug auf die Fragestellung zu interpretieren. Welche Schlussfolgerungen sind aus der Auswertung zu ziehen und welche Entscheidung ist dem Unternehmer zu empfehlen?

Zusammenfassung:

Grundlagen der Statistik

- → **Begriff:** Methoden, mit denen Daten über zahlenmäßig erfassbare Massenerscheinungen untersucht werden können
- → **Aufgabe:** Informationslieferung, -verdichtung, -reduktion
- → **deskriptive** (beschreibende) und **induktive** (schließende) Statistik
- → **betriebliche Statistik:** Anwendung von statistischen Methoden im Betrieb
- → **Untersuchungsobjekte,** an denen
  Merkmale mit verschiedenen
  Merkmalsausprägungen in unterschiedlichen
  Skalen gemessen werden
- → **Vorgehensweise** in 6 Stufen

Fragen:

1. In welchen zwei Bedeutungen wird der Begriff „Statistik" gebraucht?
2. Welche Voraussetzungen müssen zur Anwendung von statistischen Methoden gegeben sein?
3. Was ist ein Untersuchungsobjekt, ein Merkmal und eine Merkmalsausprägung?
4. Das Unternehmen X macht einen Umsatz in Höhe von 5,5 Mio. DM. Erklären Sie die Begriffe aus Frage 3 an diesem Beispiel.
5. An dem Untersuchungsobjekt „Unternehmen" werden folgende Merkmale erfasst: Rechtsform, Umsatz, Gewinn, Branche. In welchen Skalen werden diese Merkmale gemessen?
6. Warum ist vor der Phase der Datenerfassung die Analyse des vorhandenen Materials wichtig?

Aufgabe:

Als Praktikant in einem Großunternehmen mit 15 000 Beschäftigten haben Sie die Aufgabe, aus der Personalkartei einen Überblick über die Anzahl der Krankheitstage der Mitarbeiter anzufertigen. Schildern Sie eine mögliche Vorgehensweise nach den besprochenen 6 Stufen.

2 Datenerfassung und -aufbereitung

Lernziel:

Sie sollen die Begriffe der Sekundär- und Primärstatistik sowie die wichtigsten Methoden und Quellen zur Gewinnung des Datenmaterials kennen. Der Unterschied zwischen einer Voll- und Teilerhebung, das Problem der Repräsentativität und die wichtigsten Schritte bei der Aufbereitung des statistischen Datenmaterials sollen verstanden werden.

2.1 Erhebung

Nachdem in der Phase der Problemstrukturierung das Ziel der Untersuchung, die relevanten Untersuchungsobjekte und die zu erhebenden Merkmale genau definiert worden sind und anschließend auch das vorhandene Material zu der Fragestellung analysiert wurde, geht es in der Phase der Erhebung um die **Gewinnung des statistischen Datenmaterials**. Dazu sollte ein Untersuchungsplan aufgestellt werden, der aus drei Teilplänen besteht:

Untersuchungsplan

Arbeits- Zeit- Kostenplan

2.1.1 Sekundärstatistik

Bevor ein Unternehmen eine eigene Erhebung durchführt, wird es das zu dem Untersuchungsgebiet **bereits vorhandene Material**, das für andere Zwecke erhoben wurde, sammeln und auswerten, also **Sekundärforschung** (desk research) betreiben. Auch wenn das sekundärstatistische Material der Fragestellung nicht genau entspricht, begnügt man sich im Allgemeinen mit diesem angenäherten Ergebnis.

Im Rahmen der Sekundärforschung werden bereits vorliegende Daten ausgewertet. Quellen für die Sekundärstatistik können im eigenen Unternehmen oder außerhalb liegen.

Das Warenhaus „Kaufgut“, das in einen neuen Markt, beispielsweise in ein anderes Land, expandieren will, benötigt zunächst Daten über die Größe des neuen Marktes. Es ist interessiert an der Anzahl der Personen, die seine potentiellen Kunden darstellen (Zielgruppe), an der Kaufkraft, an den Konkurrenten und ihren Produkten und an der Distributionsstruktur, die es zum Absatz seiner Produkte benötigt.

Eine eigene Erhebung zu diesen Fragestellungen in dem entsprechenden Land wäre mit hohen Kosten und einem großen Zeitaufwand verbunden. Aus diesem Grund wird sich das Unternehmen mit sekundärstatistischem Zahlenmaterial zufriedengeben, auch wenn es veraltet ist oder die Fragestellung nicht genau trifft.

Zu zahlreichen Fragen können **betriebsinterne Quellen** (wie die Buchhaltung, die Registratur oder andere Abteilungen) für sekundärstatistisches Material herangezogen werden. Wenn sich das Warenhaus „Kaufgut“ beispielsweise für die Verteilung des Umsatzes auf die einzelnen Regionen eines Landes interessiert, so lässt sich die Frage vermutlich durch Zahlenmaterial aus dem Rechnungswesen beantworten. Dort werden diese Werte erfasst, um die einzelnen Filialen zu bewerten.

Als wichtigste **betriebsexterne Quelle** sei die amtliche Statistik genannt. Das Statistische Bundesamt gibt eine große Anzahl von Schriften heraus, die sich vom Statistischen Jahrbuch bis zu den Fachserien erstrecken, die stark untergliedertes Zahlenmaterial zu speziellen Problemen enthalten. Weitere Quellen für sekundärstatistische Daten sind nationale und supranationale Behörden (z. B. EU, OECD), die Deutsche Bundesbank, die Bundesanstalt für Arbeit, Industrie- und Handelskammern. Verbände, große Verlage und Marktforschungsinstitute.

Betriebsexterne sekundärstatistische Quellen:

Statistisches Bundesamt
- Statistisches Jahrbuch
- Wirtschaft und Statistik: monatliche Zeitschrift
- Statistischer Wochendienst: wöchentliche Schnellinformation
- Fachserien: 19 Fachserien weiter unterteilt in Reihen, Untersuchungen zu Einzelproblemen

Statistische Landesämter, Kommunalstatistische Ämter

Halbamtliche Statistik
- z. B. Bundesanstalt für Arbeit

Private Statistik
- Verbandsstatistiken
- Institutsstatistiken

Betriebsstatistik
- z. B. Bundesbank: Monatsberichte mit Beiheften

Internationale Organisationen
- z. B. UN, OECD, EU

2.1.2 Primärstatistik

Wenn sich die Fragestellung nicht ausreichend genau anhand sekundärstatistischen Materials beantworten lässt, müssen die benötigten Daten durch **primärstatistische** Untersuchungen ermittelt werden.

Primärstatistik bedeutet, dass die Daten eigens für den Untersuchungszweck erhoben werden müssen.

Dies ist im Allgemeinen mit einem **hohen Aufwand** an Zeit und Kosten verbunden; als Vorteil der Primärerhebung ist zu nennen, dass das Erhebungsprogramm genau dem Ziel der Untersuchung angepasst werden kann. Man erhält in der Regel genau die Daten, die man benötigt.

Im Folgenden sollen die wichtigsten **Erhebungsmethoden**, die zu primärstatistischem Zahlenmaterial führen, in einem Überblick aufgeführt werden.

1. Schriftliche Befragung

Dem Befragten wird ein Fragebogen zur schriftlichen selbstständigen Beantwortung überlassen. Diese Form der Datenerfassung ist eine häufig genutzte Methode, da sie mit relativ geringen Kosten verbunden ist und der Interviewte sich ausführlich mit dem Fragebogen beschäftigen kann, wenn er Zeit dazu hat. Der Nachteil liegt in der geringen Anzahl der zurückgesandten Fragebogen, da die Befragung freiwillig ist. Durch Kleingeschenke oder eine Verlosung kann eine Steigerung der Rücklaufquote erreicht werden.

2. Mündliche Befragung

Die zu Befragenden werden durch Interviewer gebeten, die in einem Fragebogen zusammengestellten Fragen zu beantworten. Das Interview ist eine teure Erhebungsart, führt aber bei sorgfältig geschulten Interviewern zu guten Ergebnissen, hohen Antwortquoten und schnell vorliegenden Ergebnissen.

Eine Sonderform dieser Erhebungsmethode stellt die **telefonische Befragung** dar, deren Anwendungsbereiche gesetzlich stark beschränkt sind.

3. Beobachtung

Beobachter oder Zähler registrieren objektiv bestimmte Vorgänge wie die Passantenfrequenz vor einem Warenhaus, die Verkehrsdichte auf einer Kreuzung oder die Anzahl der Kunden in einem Verbrauchermarkt in einer bestimmten Abteilung. Bei der Beobachtung ist man nicht von der Auskunftsfreudigkeit der untersuchten Personen abhängig und kommt zu objektiven Ergebnissen.

4. Experiment

Das Experiment findet vor allem in den Naturwissenschaften Anwendung. In der Betriebswirtschaftslehre werden Experimente beispielsweise in Form von Produkttests durchgeführt, bei denen Testpersonen verschiedene Eigenschaften eines Produkts (z.B. Geschmack, Verpackung, Preis) beurteilen müssen.

5. Automatische Erfassung

Die Daten werden in dem Moment erfasst, in dem sie entstehen. Ein Anwendungsbeispiel sind die Scanner-Kassen in Supermärkten, die Preis und verkaufte Menge jedes einzelnen Artikels durch das Einlesen der EAN-Strichcodes (Europäische Artikelnummerierung) erfassen. Damit wird die Datengrundlage für eine genaue Umsatzanalyse gelegt.

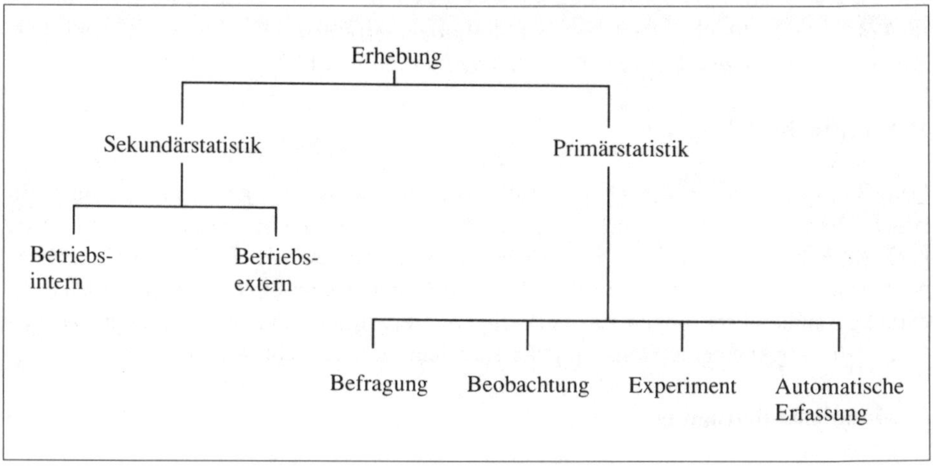

Abb. 2: Erhebungsformen der statistischen Forschung

2.1.3 Voll- und Teilerhebung

Bei einer Vollerhebung werden **alle Untersuchungsobjekte**, auf die die Fragestellung der Erhebung zutrifft, in die Untersuchung einbezogen.

Beispielsweise wird die Betriebszugehörigkeit aller Mitarbeiter eines Unternehmens erfasst, oder alle Schüler einer Schule werden nach dem Verkehrsmittel gefragt, mit dem sie ihren Schulweg zurücklegen. Auch die Volkszählung des Statistischen Bundesamtes ist eine Vollerhebung.

Das in einer Vollerhebung gewonnene Zahlenmaterial entspricht genau den Zielsetzungen der Untersuchung. Vollerhebungen sind sehr **kostspielig**, und es ist nicht immer möglich, wirklich alle Elemente zu erfassen.

Oft ist die Gesamtheit der relevanten Untersuchungsobjekte auch nicht bekannt. Wenn ein Waschmittelhersteller die Zufriedenheit seiner Kunden durch eine Befragung ermitteln will, kann er keine Vollerhebung durchführen, da er keine Kenntnis über alle seine Kunden hat. Auch in der Qualitätskontrolle bei „zerstörenden Prüfungen" (z. B. Brenndauer von Glühlampen, Dauertests von Autos, Reißfestigkeit von Abschleppseilen) sind keine Vollerhebungen möglich.

Bei **Teilerhebungen** wird nur ein Teil der betroffenen Untersuchungsobjekte in die Erhebung einbezogen. Eine Teilerhebung ist wesentlich **billiger** und in **kürzerer Zeit** abzuwickeln. Es besteht aber die **Gefahr**, dass sie die wirklichen Gegebenheiten der Grundgesamtheit nicht exakt widerspiegelt, weil sich die erfasste Teilmenge in ihrer Struktur von der Grundmenge unterscheidet. Die Marktforschungsuntersuchungen in der Praxis werden im Allgemeinen als Teilerhebungen durchgeführt.

Bei einer Datenerfassung durch eine Teilerhebung ist darauf zu achten, dass die gewählte Teilmasse **repräsentativ** für die Gesamtmenge ist.

Repräsentativität liegt dann vor, wenn die Teilmenge ein wirklichkeitsgetreues, verkleinertes Abbild der Grundgesamtheit darstellt, also die gleichen Merkmale aufweist.

2.2 Aufbereitung

Nachdem die Phase der Erhebung abgeschlossen wurde, müssen die Daten **aufbereitet** werden, um damit die Basis für die Anwendung der statistischen Verfahren zu legen.

2.2.1 Codierung und Auszählen der Daten

Die Codierung ist notwendig, wenn die Erhebung per EDV ausgewertet werden soll. Hat das Unternehmen „Kaufgut" beispielsweise eine schriftliche Befragung bei 1 000 repräsentativ ausgewählten Personen durchgeführt, um die Zufriedenheit mit einem bestimmten Markenartikel zu ermitteln, so liegen am Ende der Erhebungsphase 1 000 ausgefüllte Fragebogen vor, die für die Weiterverarbeitung der Daten durch die EDV vorbereitet werden müssen. Jede Antwortmöglichkeit auf jede Frage wird dazu **verschlüsselt** und mit einer festgelegten **Codenummer** versehen. Bei der Eingabe der Daten in eine Datenbank müssen nur die Codenummern erfasst werden.

Frage 14	Wie hoch ist Ihr monatliches Haushaltsnettoeinkommen? (bitte ankreuzen)	Codierung Spalte 56
☐	unter 1.000 DM	→ 1
☐	1.000 bis unter 2.000 DM	→ 2
☐	2.000 bis unter 3.000 DM	→ 3
☐	3.000 bis unter 4.000 DM	→ 4
☐	4.000 bis unter 5.000 DM	→ 5
☐	5.000 DM und mehr	→ 6

Abb. 3: Auszug aus einem Fragebogen

Je nach Einkommenskategorie wird eine 1 bis 6 in die Datenbank eingegeben; bei Antwortverweigerung kann z. B. die Null verwendet werden.

Die erste Auswertung fragt, wie oft beispielsweise ein Einkommen von unter 1 000 DM genannt wurde. Dazu werden die **Häufigkeiten ausgezählt**, mit denen die einzelnen Antwortkategorien vorkommen. Diese Auszählung erfolgt bei umfangreichen Daten mit Hilfe der EDV, bei kleineren Untersuchungen manuell.

Bei der Auswertung der codierten Fragebogen kann dann per EDV-Programm ausgezählt werden, wie oft die Zahlen 1, 2, …6 vorkommen. Man erhält die Häufigkeit der jeweiligen Nennung, aus der sich auch die relative (prozentuale) leicht berechnen lässt.

Bei einer **manuellen** Auswertung mit kleiner Fallzahl lassen sich die Daten mit Hilfe einer **Strichliste** auszählen.

Note	Häufigkeit	Gesamt
1	I I I	3
2	IIIII I I I	8
3	IIIII IIIII IIIII	15
4	IIIII IIIII I	11
5	IIIII I I I	8

Abb. 4: Notenverteilung in einer Klausur per Strichliste

2.2.2 Klassenbildung

Eine Häufigkeitstabelle wird dann **unübersichtlich**, wenn sehr viele Daten vorliegen, die stark voneinander abweichen. In diesem Fall wird versucht, die Unübersichtlichkeit der Daten zu vermindern und die Tabelle zu verkürzen, indem man die Daten zu **Klassen** zusammenfasst.

Eine Klasse enthält eine Menge von Daten, die innerhalb festgelegter Grenzen liegen.

Bei der Analyse der Lohn- und Gehaltshöhe von 500 Mitarbeitern des „Kaufgut" Warenhauses durch die Personalabteilung würde die Zusammenstellung der exakten Löhne der Beschäftigten zu einer unübersichtlichen Tabelle führen. Durch die Zusammenfassung der Einkommen zu Klassen oder Gruppen kann das Zahlenmaterial gestrafft werden.

Je größer die Klassenbreite gewählt wird, desto mehr wird die Tabelle verkürzt, und desto stärker ist der **Informationsverlust**. Dieser Informationsverlust tritt dadurch ein, dass man nichts mehr über die Verteilung der Werte innerhalb einer Klasse aussagen kann. Man weiß dann zwar, dass beispielsweise zwölf Mitarbeiter zwischen 1 500 DM und unter 2 000 DM verdienen, aber das genaue Einkommen dieser zwölf Mitarbeiter ist aus der Tabelle nicht mehr erkennbar.

Um den Informationsverlust zu begrenzen, sollten die Klassen **nicht zu breit** gewählt werden.

Wichtig ist es, auf eine **eindeutige Abgrenzung** der Gruppen zu achten. Die Klassen müssen lückenlos aufeinander folgen, aber sie müssen auch eindeutig voneinander abgegrenzt sein.

Beispiel: bis unter 20 Jahre
20 bis unter 30 Jahre
etc.

In diesem Beispiel ist eindeutig geregelt, dass der 20-jährige in der zweiten Klasse zu zählen ist.

Erhebung durch

- → **Sekundärstatistik:** Analyse von bereits vorliegendem, für andere Zwecke gesammelten Datenmaterial
  - → Vorteile: schnell und kostengünstig
  - → Nachteile: Daten evtl. veraltet und dem Untersuchungszweck nicht genau angepasst
- → **Primärstatistik:** Analyse von eigens erhobenem Datenmaterial
  - → Vorteile: Daten aktuell und genau dem Untersuchungszweck angepasst
  - → Nachteile: teuer und langwierig
  - → **Erhebungsmethoden:**
    - schriftliche Befragung
    - mündliche Befragung
    - Beobachtung
    - Experiment
    - automatische Erfassung
- → **Voll-** oder **Teilerhebung**

Datenaufbereitung

- → **Codierung** zur einfachen statistischen Auswertung
- → **Datenauszählen** → **Häufigkeitstabelle**
- → **Klassenbildung** zur Steigerung der Übersichtlichkeit, aber dabei Informationsverlust

Fragen:

1. Nennen Sie die wichtigsten Vor- und Nachteile der Sekundärstatistik im Vergleich zur Primärstatistik.
2. Handelt es sich um Primär- oder Sekundärstatistik, wenn Sie sich zur Analyse der Marktchancen in Portugal vom dortigen statistischen Amt Unterlagen anfordern?
3. Wenn Sie in Ihrer Zeitung die monatlichen Arbeitslosenzahlen veröffentlicht sehen, meinen Sie, dass die Zeitungsredaktion diese Werte durch Primär- oder Sekundärforschung gewonnen hat?
4. Warum wird auf die Repräsentativität einer Stichprobe ein solcher Wert gelegt?
5. Was versteht man unter einer Häufigkeitstabelle?
6. Was ist der Vor- und Nachteil der beiden folgenden Tabellen:

Alter	Anzahl
unter 10 J.	6
10 bis unter 20 J.	8
20 bis unter 30 J.	10
30 bis unter 40 J.	13
40 bis unter 50 J.	11
50 bis unter 60 J.	7
60 bis unter 70 J.	6
70 bis unter 80 J.	3
Insgesamt	64

Alter	Anzahl
unter 20 J.	14
20 bis unter 40 J.	23
40 bis unter 60 J.	18
60 bis unter 80 J.	9
Insgesamt	64

Aufgabe:

1. Ein deutsches Unternehmen will eine Jugendzeitschrift für 16- bis 19-jährige in Griechenland einführen. Beschreiben Sie Probleme der Datenerfassung zur Ermittlung der Anzahl der potentiellen Leser.
2. Ein Unternehmen macht an einzelnen Tagen folgende Umsätze (in DM): 500, 700, 780, 800, 920, 980, 1050, 1200, 1450, 1550, 1620, 1730, 1780, 1810, 1850, 1880, 1890, 1960, 1980, 2000
   Erfassen Sie diese Werte in 5 Klassen.

3 Darstellung des statistischen Materials

Lernziel:

Sie sollen in der Lage sein, statistisches Datenmaterial in Tabellen und grafischen Darstellungen übersichtlich zu präsentieren und die wichtigsten grafischen Darstellungen zu interpretieren.

3.1 Die Tabelle

Nachdem die Daten aufbereitet worden sind, sollen sie nun so dargestellt werden, dass die wichtigsten Informationen in einem schnellen **Überblick** erfassbar sind.

Eine Tabelle muss so gestaltet sein, dass sie die für die Fragestellung relevanten Informationen übersichtlich wiedergibt. Sie muss klar und eindeutig aufgebaut sein und alle Informationen enthalten, die für das Verständnis notwendig sind.

Die Abb. 5 zeigt das **Schema einer Tabelle**.

Die wichtigsten **Anforderungen** an eine gute Tabelle sind:
- Die **Überschrift** muss den Geltungsbereich der Daten eindeutig definieren.
- Die **Tabellennummer** ist bei größeren Zusammenhängen wichtig, damit im Text auf die entsprechende Tabelle Bezug genommen werden kann.
- Der **Tabellenkopf** gibt den Inhalt der Spalten an und beschreibt das Merkmal bzw. die Merkmalsausprägung, deren Häufigkeiten in der zugehörigen Spalte aufgeführt werden.
- Die **Vorspalte** enthält die entsprechenden Informationen über die einzelnen Zeilen.
- Die **Maßeinheiten**, in der die Daten der Tabelle gemessen werden, müssen in der Tabelle unbedingt angegeben werden.
- Die **Quellen**, aus den die Daten stammen, sind in der Fußnote aufzuführen.
- Bei großen Tabellen kann eine **Nummerierung** der Spalten und Zeilen sinnvoll sein, damit bei der Beschreibung und Interpretation der Tabelle einfacher auf die wesentlichen Ergebnisse hingewiesen werden kann.

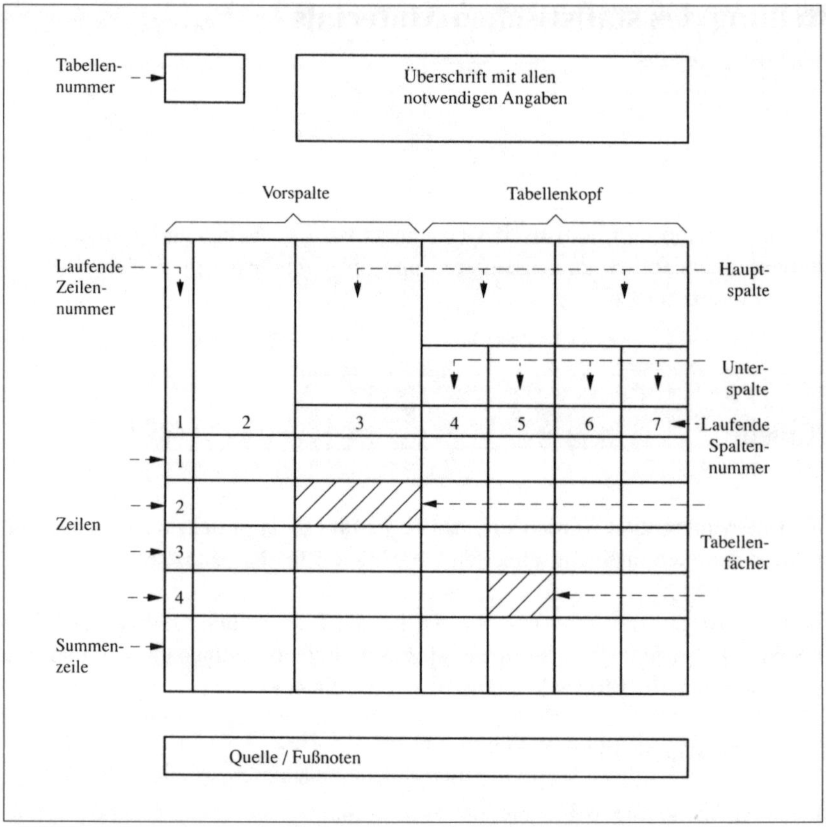

Abb. 5: Schema einer Tabelle

Eine Tabelle hat gegenüber den grafischen Darstellungen den Vorteil, dass die Zahlenwerte exakt abgelesen werden können, allerdings wird sie desto **unübersichtlicher**, je mehr Merkmale sie enthält. Auch bei hohen Zahlenwerten oder gebrochenen Zahlen ist das Verhältnis erschwert.

Beispiel:

Monat	Zigaretten		Zigarren		Andere Produkte		Summe	
	Gewicht in kg	Wert in DM	Gewicht in kg	Wert in DM	Gewicht in kg	Wert in DM	Gewicht in kg	Wert in DM
1	2	3	4	5	6	7	8 = 2 +4+6	9 = 3 +5+7
Jan. Febr. März . . .								
Summe								

Abb. 6: Die Produktion der Tabakwarenfabrik Smoke-AG in Mainz im Jahre 1990

Beispiel:

In dem **Warenhaus** „Kaufgut" werden mit Hilfe von Scanner-Kassen die Käufe aller Kunden mit ihrer Umsatzhöhe an einem Tag erfasst. Der Assistent des Warenhausleiters hat die Aufgabe, diese Werte in einer Tabelle zusammenzustellen und mithilfe statistischer Methoden zu analysieren.

- Welche Merkmale sind in der Tabelle zu erfassen?
  Anzahl der Kaufkontakte in bestimmten Umsatzklassen.
- Wie ist die Abgrenzung der Merkmale (sachlich, räumlich, zeitlich) in der Überschrift darzustellen?
  Kaufakte im Warenhaus „Kaufgut" am 18. Dezember des letzten Jahres in der Filiale Mainz, differenziert nach der Umsatzhöhe.
- Welche Angaben können zusätzlich in die Tabelle aufgenommen werden?
  Anteilswerte zur Erleichterung der Interpretation.
- Sind Quellen in der Fußnote anzugeben?
  Da es sich um eine eigene Erhebung handelt, ist das nicht notwendig.
- Wie ist die Klassenbreite zu wählen?
  Der Assistent des Warenhaus-Leiters entscheidet sich für eine Klassenbreite von 40 DM.

Umsatz in DM	Anzahl der Käufe	Anteil der Käufe
unter 40	10	10,53 %
40 bis unter 80	32	33,68 %
80 bis unter 120	28	29,47 %
120 bis unter 160	12	12,63 %
160 bis unter 200	9	9,47 %
200 bis unter 240	4	4,21 %
Insgesamt	95	100 %

3.2 Das Stabdiagramm

Schaubilder müssen – wie Tabellen – eindeutig beschriftet und **übersichtlich** sein. Da sie die Aufgabe haben, auf einen Blick zu informieren, sollten sie nicht mit Informationen überladen werden.

Ein Stabdiagramm besteht aus einem System mit zwei Achsen, wobei die **Abszisse** (die waagerechte Achse) das darzustellende Material mit den entsprechenden Merkmalsausprägungen enthält. An der **Ordinate** werden die Häufigkeiten abgetragen. Über jeder Merkmalsausprägung wird parallel zur Ordinate eine Linie gezogen, deren Höhe der Häufigkeit der Merkmalsausprägung entspricht.

Das Stabdiagramm ist eine **höhenproportionale** Darstellung, da allein die Höhe oder Länge des Stabes die Information über die darzustellende Häufigkeit enthält. Auch nominalskalierte Merkmale, deren Ausprägungen sich nicht in eine Reihenfolge bringen lassen, können in ein Stabdiagramm eingezeichnet werden.

Stabdiagramme sind höhenproportionale Darstellungen, die schon bei nominalskalierten Daten verwendet werden können.

Beispiel:

Der Assistent des **Warenhausleiters** möchte die Verteilung der 95 Käufe auf die einzelnen Abteilungen des Warenhauses „Kaufgut“ grafisch darstellen. Er stellt die folgende Verteilung fest:

Abteilung	Anzahl der Käufe	Anteil der Käufe
Damenbekleidung	21	22,11 %
Herrenbekleidung	9	9,47 %
Kinderbekleidung	11	11,58 %
Elektrogeräte	10	10,53 %
Lebensmittel	32	33,68 %
Spielwaren	12	12,63 %
Insgesamt	95	100 %

Das Merkmal „Abteilung des Warenhauses“ wird mit der **Nominalskala** gemessen. Aus optischen Gründen entscheidet sich der Assistent dafür, die Abteilungen nach der Kaufhäufigkeit aufsteigend zu sortieren, bevor er die Daten in ein **Stabdiagramm** einzeichnet. Es wäre auch jede beliebige andere Reihenfolge denkbar.

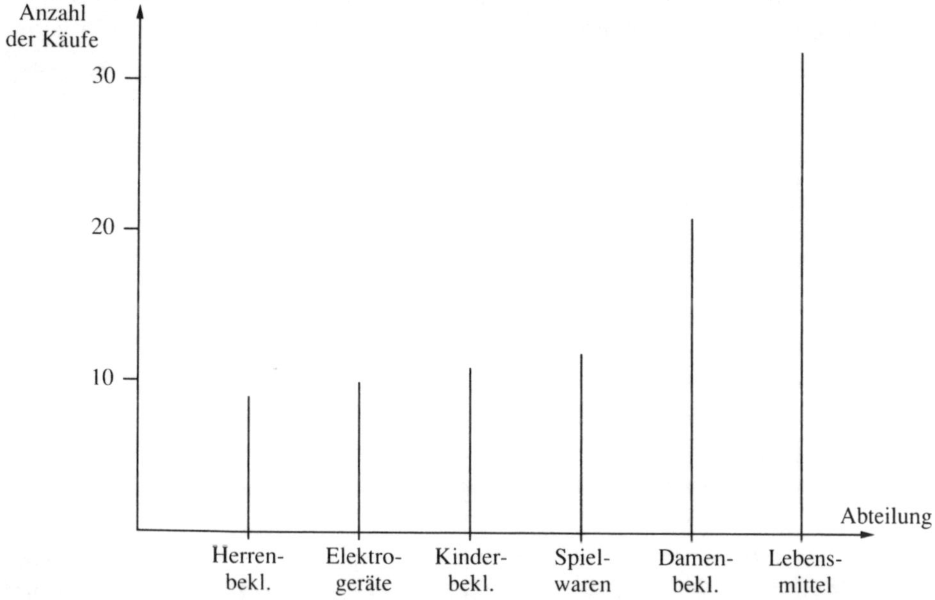

Abb. 7: Stabdiagramm der Verteilung der Käufe auf die Abteilungen des Warenhauses

3.3 Das Histogramm

Auch bei einem Histogramm werden die Daten in einem Koordinatensystem eingetragen, das auf der Abszisse die Merkmalsausprägungen und auf der Ordinate (y-Achse) die Häufigkeiten darstellt. Im Unterschied zum Stabdiagramm wird die Häufigkeit nicht durch eine Höhe, sondern durch eine **Fläche** wiedergegeben.

Vor allem für **klassifizierte** Daten ist das Histogramm gut geeignet. Es bildet die Häufigkeiten bei klassifizierten Daten durch Rechtecke ab, deren Breite der Klassenbreite entspricht. Die Höhe ist bei Daten mit gleichen Klassenbreiten mit der Häufigkeit identisch, denn bei gleicher Grundlinie ist die Höhe eines Rechtecks proportional zur Fläche. Falls **ungleiche Klassenbreiten** vorliegen, muss die Höhe der Säulen in Abhängigkeit von der Breite berechnet werden.

Histogramme sind flächenproportionale Darstellungen, die sich vor allem bei klassifizierten Daten eignen.

Beispiel:

Der im obigen Beispiel besprochene Fall hat für die Zeichnung des Histogramms den Vorteil, dass die Klassenbreite in allen Klassen gleich ist. Die Käufe in dem **Warenhaus** „Kaufgut“ wurden von dem Assistenten in 6 Klassen mit einer gleichbleibenden Breite von 40 DM eingeordnet.

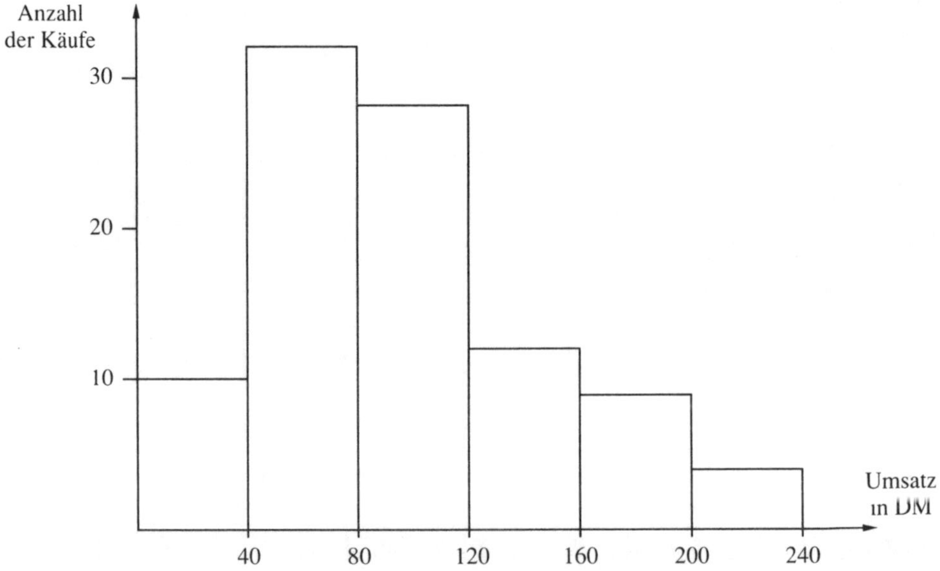

Abb. 8: Histogramm der Verteilung der Käufe nach der Umsatzhöhe

Beispiel:

Bei der Vergabe von **Noten** für schriftliche Prüfungen auf der Basis von verteilten Punkten geht der Korrigierende üblicherweise anders vor. Bis zur Hälfte der erreichbaren Punktzahl gilt die Prüfung als nicht bestanden, und auch die Noten von 1 bis 4 werden in ungleiche Klassenbreiten aufgeteilt.

50 Schüler haben an einer **Klausur** teilgenommen, in der zwischen 0 und 100 Punkten erzielt werden konnten. Als Prüfungsergebnis ergaben sich die folgenden Werte:

Punkte	Note	Häufigkeit	Klassenbreite	Säulenhöhe
0– 50	5	10	51	0,1961
51– 66	4	12	16	0,7500
67– 80	3	18	14	1,2857
81– 91	2	5	11	0,4545
92–100	1	5	9	0,5556
Insgesamt		50		

Bei der Berechnung der Säulenhöhe wird folgendermaßen vorgegangen:

Die Gesamtfläche lässt sich aus der Multiplikation von Grundlinie und Höhe ermitteln, $F = l \cdot h$. Dabei entspricht die Fläche (F) der Häufigkeit, die Grundlinie (l) der Klassenbreite, und die Höhe (h) ist zu berechnen.

Für die erste Säule bedeutet das:

$F = l \cdot h \qquad 10 = 51 \cdot h \qquad h = \frac{10}{51} = \underline{\underline{0{,}1961}}$

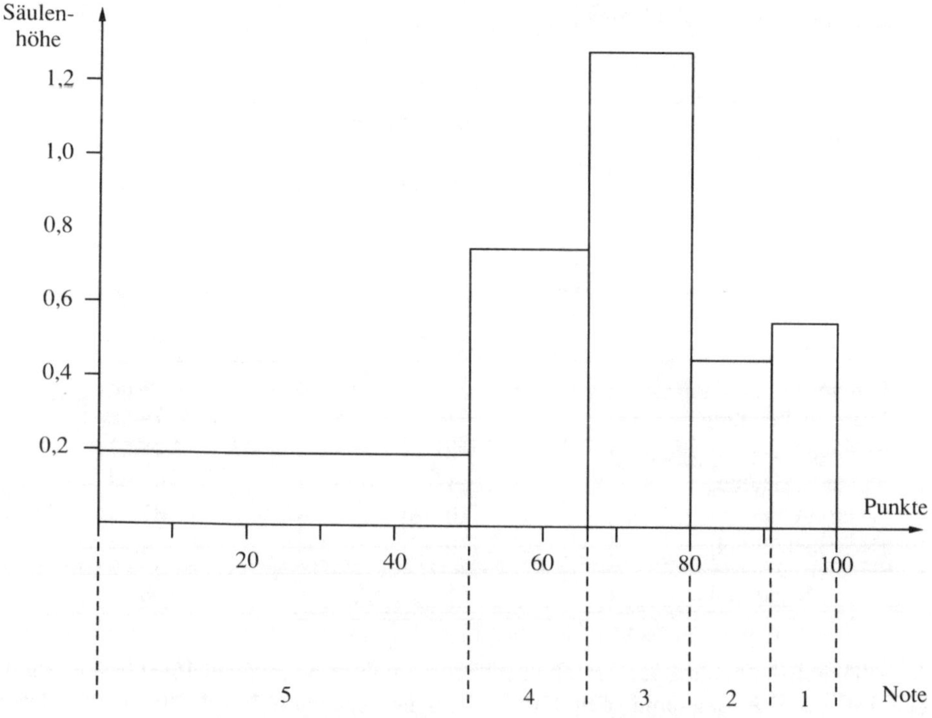

Abb. 9: Histogramm der Klausurergebnisse

3.4 Das Kreisdiagramm

Ein weiteres in den gedruckten Medien häufig zu findendes Diagramm, das auch bei **nominalskalierten** Merkmalen verwendet werden kann, ist das Kreisdiagramm.

Ein Kreisdiagramm ist eine flächenproportionale Darstellung, bei der die Kreisfläche der Grundgesamtheit entspricht. Der Kreis wird in einzelne Sektoren eingeteilt, die der Häufigkeit der jeweiligen Merkmalsausprägung entsprechen.

Der Kreisumfang, der aus 360 Winkelgraden besteht, stellt die Größe der Grundgesamtheit dar. Die einzelnen Merkmalsausprägungen werden so in das Kreisdiagramm eingetragen, dass deren Anteil am Kreisumfang den prozentualen Anteilen der Merkmalsausprägungen an der Grundgesamtheit entsprechen.

Beispiel:

Da er mit dem oben beschriebenen Stabdiagramm nicht zufrieden war, will der Warenhaus-Manager nun die Verteilung der Käufe auf die einzelnen Abteilungen des „Kaufgut" Warenhauses in einem Kreisdiagramm darstellen. Von den 95 Einkaufsakten entfielen 32 auf die Lebensmittelabteilung. Der entsprechende Sektor des Kreisdiagramms wird wie folgt berechnet:

$$\text{Winkelgrad des Sektors} = \frac{\text{Häufigkeit der Merkmalsausprägung}}{\text{Gesamtmenge}} \cdot 360$$

$$x = \frac{32}{95} \cdot 360 = 121{,}26$$

Der Sektor für die Umsätze in der Lebensmittelabteilung muß 121,26 Winkelgrade umfassen.

Abteilung	Anzahl der Käufe	Winkelgrade
Lebensmittel	32	121,26
Damenbekleidung	21	79,58
Spielwaren	12	45,47
Kinderbekleidung	11	41,68
Elektrogeräte	10	37,89
Herrenbekleidung	9	34,11
Insgesamt	95	360

Neben dieser Darstellung von verschiedenen Merkmalsausprägungen einer Grundgesamtheit hat das Kreisdiagramm den Vorteil, dass es auch zum **Vergleich** verschiedener Grundgesamtheiten geeignet ist. Unterschiedlich große Grundgesamtheiten werden durch unterschiedlich große Kreise symbolisiert. Die Kreisfläche gibt dabei die Größe der Grundgesamtheit an.

Abb. 10: Kreisdiagramm der Verteilung der Einkäufe auf die Abteilungen des Warenhauses

Beispiel:

Im Warenhaus „Kaufgut" waren am 6. August des letzten Jahres nur 60 Kaufakte zu verzeichnen, die sich wie folgt auf die einzelnen Abteilungen verteilten.

Abteilung	Anzahl der Käufe	Winkelgrade
Lebensmittel	17	102
Damenbekleidung	12	72
Spielwaren	3	18
Kinderbekleidung	7	42
Elektrogeräte	11	66
Herrenbekleidung	10	60
Insgesamt	60	360

Ein Vergleich der Umsatzverteilung vom 6. August und 18. Dezember ist grafisch durch **zwei Kreisdiagramme** möglich, wobei dei Größe der Kreise die unterschiedlichen Größen der Grundgesamtheiten anzeigt.

Nehmen wir an, für den ersten Kreis soll ein Radius von 4 cm gewählt werden. Der Radius des zweiten Kreises ist nun so zu berechnen, dass sich die beiden Kreisflächen im Verhältnis 60 zu 95 verhalten.

$$\frac{F_1}{F_2} = \frac{60}{95}$$

Die Kreisflächen lassen sich nach der Formel $F = \pi \cdot r^2$ berechnen.

$$\frac{F_1}{F_2} = \frac{\pi \cdot r_1^2}{\pi \cdot r_2^2} = \frac{60}{95}$$

Der Radius des ersten Kreises wurde in diesem Beispiel mit 4 cm festgelegt; π lässt sich kürzen. Die Formel wird nach dem unbekannten Radius r_2 aufgelöst.

$$\frac{r_1^2}{r_2^2} = \frac{60}{95} \qquad r_2^2 = \frac{95}{60} \cdot 4^2 \qquad r_2 = \sqrt{\frac{95}{60} \cdot 16} \qquad r_2 = 5{,}03 \text{ cm}$$

Wenn der Radius des zweiten Kreises 5,03 cm beträgt, stellen die unterschiedlichen Kreisflächen die unterschiedlichen Grundgesamtheiten – die Anzahl der Käufe – dar. Die Verteilung auf die einzelnen Abteilungen kann nun zusätzlich eingetragen werden, wobei die Radien der Kreise natürlich auch geändert werden können, solange dies im gleichen Verhältnis geschieht.

	60 Käufe am 6.8. $r_1 = 4$ cm		95 Käufe am 18.12. $r_2 = 5{,}03$ cm	
Abteilung	Anzahl	Winkelgrade	Anzahl	Winkelgrade
Lebensmittel	17	102	32	121
Damenbekleidung	12	72	21	80
Spielwaren	3	18	12	45
Kinderbekleidung	7	42	11	42
Elektrogeräte	11	66	10	38
Herrenbekleidung	10	60	9	34
Insgesamt	60	360	95	360

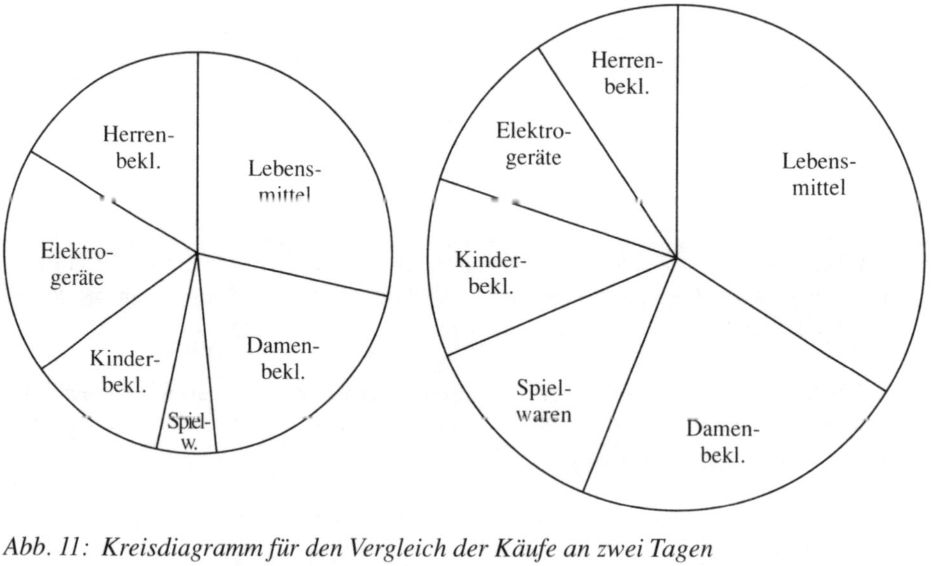

Abb. 11: Kreisdiagramm für den Vergleich der Käufe an zwei Tagen

3.5 Das Polygon

Wenn die Anzahl der Klassen, in die die Daten eingeordnet sind, sehr **groß** ist, ist das Polygon zur Darstellung der Verteilung besser als das Histogramm geeignet. Das Polygon kann direkt aus dem Histogramm entwickelt werden.

Bei klassifizierten Daten ist die Verteilung der Werte **innerhalb** einer Klasse nicht mehr bekannt. In diesem Fall trifft man die Annahme, dass die Werte in jeder Klasse gleichmäßig über die gesamte Klassenbreite verteilt sind und somit der **Mittelpunkt** als repräsentativ für die Klasse gelten kann.

Man kann dann über der Klassenmitte auf der Abszisse die Häufigkeit abtragen. Es ergibt sich für jede Klasse ein Punkt im Koordinatensystem. Durch die Verbindung der Punkte erhält man das **Polygon** oder den Polygonzug. Das Polygon stellt noch keine mathematische Funktion dar.

Wenn man die Klassenbreiten verkleinert und damit die Anzahl der Klassen erhöht oder bei sehr vielen Beobachtungswerten das Merkmal direkt ohne Klassifizierung darstellt, ergibt sich letztendlich eine stetige **Verteilungskurve**.

Das Polygon ist eine flächenproportionale Darstellung, bei der die Häufigkeiten an der Klassenmitte eingetragen werden.

Aus dem Histogramm lässt sich das Polygon entwickeln, indem man die Mittelpunkte der oberen Säulenbegrenzungen miteinander verbindet.

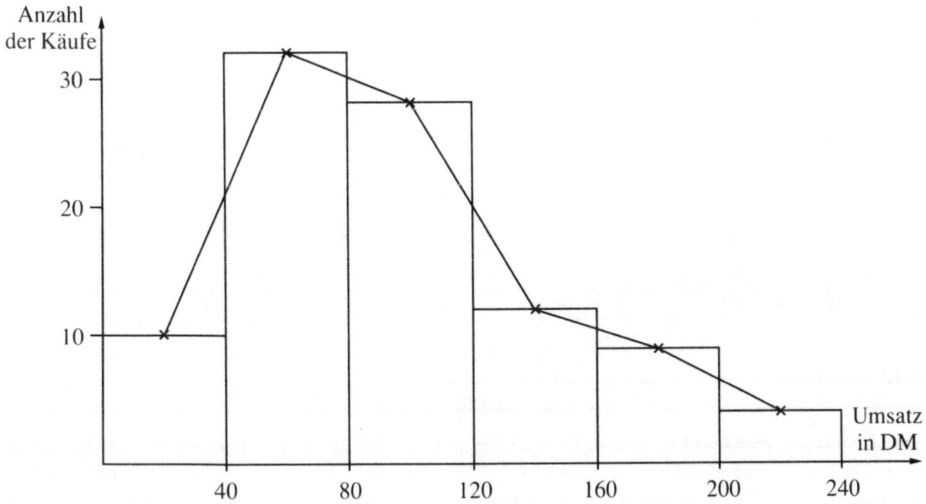

Abb. 12: Histogramm und Polygonzug der Umsatzverteilung in dem Warenhaus „Kaufgut"

3.6 Die Summenkurve

Bei einer Häufigkeitsverteilung ist oftmals nicht nur die Frage nach der Häufigkeit in den einzelnen Klassen von Bedeutung, sondern auch die Frage, wie viele der Elemente **über** bzw. **unter** einem bestimmten Wert liegen. Die Summenkurve, die diese Frage beantwortet, lässt sich nicht für nominalskalierte Daten aufstellen, da die Elemente dazu in eine Reihenfolge gebracht werden müssen.

Die Summenkurve wird berechnet, indem die Häufigkeiten der Merkmalsausprägungen in aufsteigender oder abfallender Richtung nacheinander summiert werden.

Zwei Fragestellungen lassen sich beantworten:

1. Wie groß ist die Anzahl der Elemente, die **unter** („weniger als") einem bestimmten Merkmalswert liegen?
   Die Summation beginnt zur Beantwortung dieser Frage in der Klasse mit der kleinsten Merkmalsausprägung, also aufsteigend.
2. Wie groß ist die Anzahl der Elemente, die **über** („mehr als") einem bestimmten Merkmalswert liegen?
   Die Summation beginnt in der Klasse des größten Merkmalswertes und geht dann **abfallend** bis zur ersten Klasse zurück.

Beispiel:

Die Vorgehensweise soll wieder an dem Warenhaus-Beispiel erläutert werden.

Umsatz in DM	Anzahl der Käufe	aufsteigend kumuliert	abfallend kumuliert
unter 40	10	10	95
40 bis unter 80	32	42	85
80 bis unter 120	28	70	53
120 bis unter 160	12	82	25
160 bis unter 200	9	91	13
200 bis unter 240	4	95	4
Insgesamt	95	–	–

Zu Frage 1:

Wenn sich der Warenhaus-Manager die Frage stellt, wie groß die Anzahl der Käufe mit einem Umsatz **unter** 120 DM ist, muss er die Häufigkeiten der ersten 3 Klassen summieren. Er beginnt in der Klasse mit dem kleinsten Merkmalswert und summiert die Häufigkeiten **aufsteigend**, bis der gesuchte Wert erreicht ist. Die Anzahl der Käufe unter 120 DM beträgt also $10 + 32 + 28 = 70$.

Zu Frage 2:

Zur Beantwortung der Frage, wie groß die Anzahl der Käufe mit einem Umsatz **über** 120 DM ist, müssen die Häufigkeiten der letzten 3 Klassen summiert werden. Die Summation beginnt in der letzten Klasse (4 Käufe liegen über 200 DM) und arbeitet sich schrittweise **abfallend** bis zu dem gesuchten Wert vor. Die Anzahl der Käufe über 120 DM beträgt 4 + 9 + 12 = 25.

Die grafische Darstellung verdeutlicht das Ergebnis:

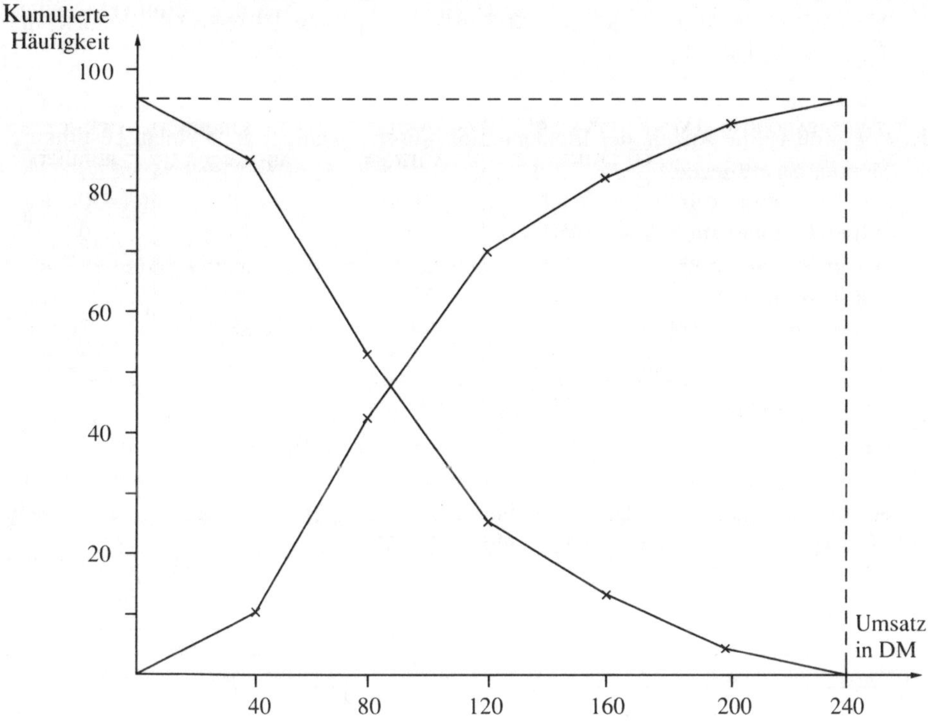

Abb. 13: Summenkurve der Umsatzverteilung

Die Kurve der **aufsteigenden** Kumulation ist vom Ursprung ausgehend zu interpretieren. Beispielsweise lässt sich ablesen, dass 82 Käufe einen Umsatz von unter 160 DM aufweisen. An der Art der Fragestellung wird deutlich, dass bei einer aufsteigenden Summenkurve die Häufigkeit im Unterschied zu allen anderen besprochenen grafischen Darstellungen auf der **Klassenobergrenze** abzutragen ist.

Bei der **abfallenden** Summenkurve sind dagegen die Häufigkeiten an der **Klassenuntergrenze** einzuzeichnen. Hier lautet die Interpretation beispielsweise: 13 Käufe haben eine Umsatzhöhe von mehr als 160 DM.

Die einzelnen Werte werden verbunden, sodass man einen durchgehenden Kurvenzug erhält und auch die Häufigkeiten für Zwischenwerte ablesen kann.

Zum Vergleich verschiedener Grundgesamtheiten empfiehlt es sich, nicht die absoluten sondern die **relativen** prozentualen Häufigkeiten einzuzeichnen.

Beispiel:

Ein Handwerksunternehmen hat im letzten Jahr die in folgender Tabelle aufgeführte Verteilung von Aufträgen festgestellt. Durch eine Summenkurve soll die Tendenz grafisch veranschaulicht werden.

Auftragshöhe in DM	Anzahl Aufträge	Anteil Aufträge	kumulierte Anteile aufsteigend	kumulierte Anteile abfallend
0 bis unter 1000	40	8 %	8 %	100 %
1000 bis unter 2000	50	10 %	18 %	92 %
2000 bis unter 3000	100	20 %	38 %	82 %
3000 bis unter 4000	160	32 %	70 %	62 %
4000 bis unter 5000	90	18 %	88 %	30 %
5000 bis unter 6000	60	12 %	100 %	12 %
Insgesamt	500	100 %	--	--

Beide Kurven müssen sich senkrecht zu 100 % addieren und demnach bei 50 % schneiden. Aus Abb. 14 lässt sich ablesen, dass etwa 28 % der Aufträge auf weniger als 2500 DM lauten und etwa 46 % über 3500 DM liegen.

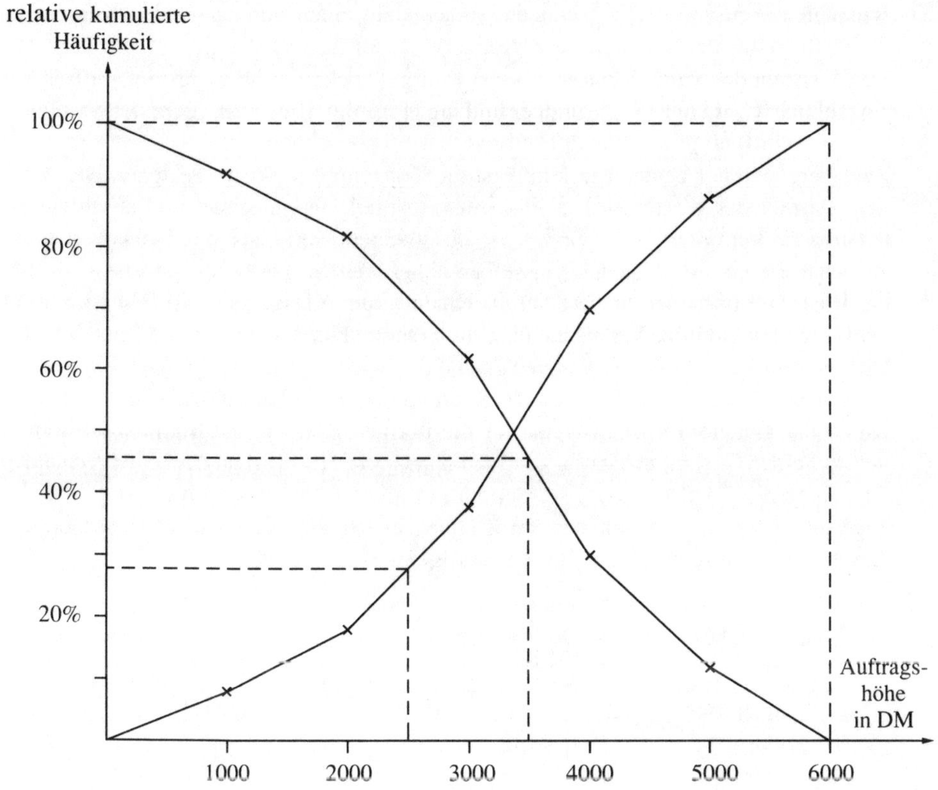

Abb. 14: Summenkurve der Verteilung der Aufträge nach der Auftragshöhe

3.7 Die Konzentrationskurve

Die **Konzentrationskurve** oder **Lorenz-Kurve** hat gegenüber der Summenkurve den Vorteil, dass sie die Häufigkeiten **zweier** Massen darstellen kann. In den bisher behandelten Darstellungsformen wurde lediglich die Ordinate zum Abtragen von Häufigkeiten genutzt. Für die Konzentrationskurve unterteilt man ebenso die Abszisse (die x-Achse) und trägt dort die Häufigkeiten des zweiten Merkmals ein.

Um eine Vergleichbarkeit zu erreichen, trägt man auf beiden Achsen **summierte relative** Häufigkeiten ein.

Die Konzentrationskurve erlaubt die Darstellung zweier Merkmale in einem Diagramm. An den Achsen werden die kumulierten relativen Häufigkeiten der beiden zu vergleichenden Merkmale eingetragen.

Beispiel:

Der Assistent des Warenhausleiters von „Kaufgut“ bekommt den Auftrag, grafisch die Anzahl der **Käufe** am 18. Dezember und die Höhe des **Umsatzes** darzustellen.

Zum Vergleich der beiden Merkmale ist die Konzentrationskurve geeignet. Die gegebene Anzahl der Käufe wird in prozentuale Anteile umgerechnet und anschließend aufsteigend kumuliert. Zur Darstellung des zweiten Merkmals, des **Umsatzes**, muss zunächst der Umsatz in jeder Klasse berechnet werden. Da beispielsweise nicht bekannt ist, wie hoch der Umsatz der 10 Käufe in der Klasse unter 40 DM ist, nimmt man eine gleichmäßige Verteilung über die gesamte Klassenbreite an und geht von der Klassenmitte aus. Die Käufe lauten dann auf durchschnittlich 20 DM, sodass insgesamt ein Umsatz von 200 DM durch die 10 Käufe in der ersten Umsatzklasse erreicht wird. Durch die gleiche Vorgehensweise für die übrigen Klassen und Summation kommt man auf einen Gesamtumsatz für das Warenhaus von 9100 DM an dem entsprechenden Tag. Auch diese Umsatzwerte werden nun in relative Werte umgerechnet; 2,2 % des Tagesumsatzes werden von den 10 Käufern in der kleinsten Umsatzklasse erzielt. Anschließend werden diese relativen Häufigkeiten summiert.

Umsatz in DM	Kl.-mitte	Anzahl der Käufe			Umsatz		
		abs.	rel.	rel.kum.	je Klasse	rel.	rel.kum.
unter 40	20	10	10,5	10,5	200	2,2	2,2
40 bis unter 80	60	32	33,7	44,2	1920	21,1	23,3
80 bis unter 120	100	28	29,5	73,7	2800	30,8	54,1
120 bis unter 160	140	12	12,6	86,3	1680	18,4	72,5
160 bis unter 200	180	9	9,5	95,8	1620	17,8	90,3
200 bis unter 240	220	4	4,2	100,0	880	9,7	100,0
Insgesamt	–	95	100	–	9100	100	–

Zusätzlich zu der Konzentrationskurve wird die **Gleichverteilungsgerade** eingetragen, die die beiden Eckpunkte der Achsen miteinander verbindet. Auf dieser Geraden würden die Punkte dann liegen, wenn zu jedem Wert des einen Merkmals genau der gleiche Wert des anderen Merkmals gehörte, also wenn im Beispiel 50 % der Käufe auch 50 % des Umsatzes brächten. Die tatsächliche Kurve weicht aber von der Gleichverteilungsgeraden ab. Je größer diese Abweichung ist, desto stärker ist die **Konzentration**. Im obigen Beispiel erbringen 50 % der Käufe nur etwa 29 % des Gesamtumsatzes.

Welches Merkmal auf welcher Achse eingetragen wird, ist im Grunde belanglos, es hat sich aber eingebürgert, die Merkmale so den Achsen zuzuordnen, dass die Konzentrationskurve nach **unten** von der Gleichverteilungsgeraden abweicht.

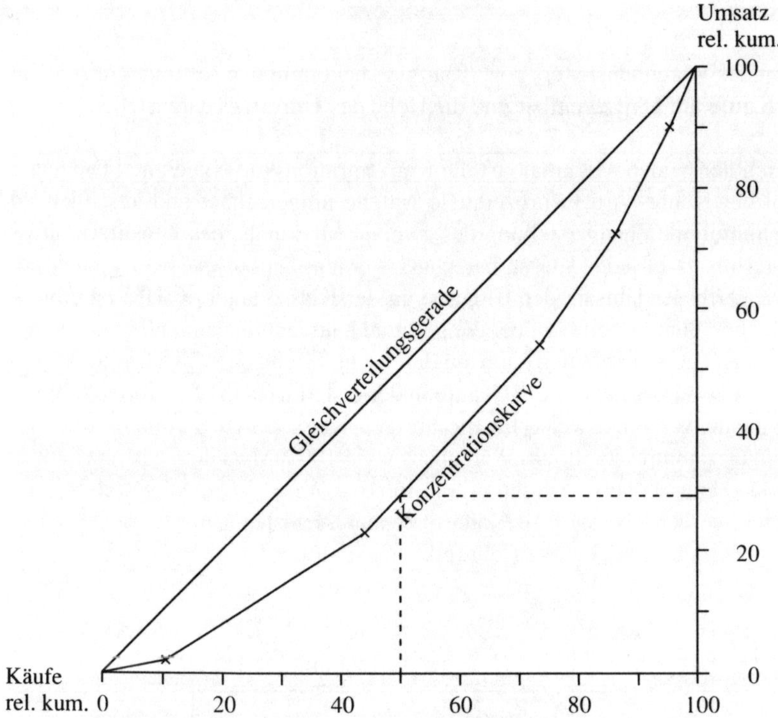

Abb. 15: Konzentrationskurve für die Anzahl der Käufe und die Höhe des Umsatzes

Zusammenfassung:

Darstellungsmethoden in der Statistik

- → Tabelle
- → Grafische Darstellungen
  - → Stabdiagramm: höhenproportional, schon bei nominalskalierten Merkmalen möglich
  - → Histogramm: flächenproportional, vor allem für klassifizierte Daten
  - → Kreisdiagramm: flächenproportional, auch zum Vergleich verschiedener Grundgesamtheiten
  - → Polygon: flächenproportional, vor allem für klassifizierte Daten mit sehr vielen Klassen
  - → Summenkurve: aufsteigend oder absteigend, zur Ermittlung der Anzahl der Werte unter bzw. über einem bestimmten Merkmalswert
  - → Konzentrationskurve: Darstellung zweier Merkmale in einem Diagramm, Eintragen der kumulierten relativen Häufigkeiten

Fragen:

1. Welche Probleme treten bei der Zeichnung eines Histogramms für eine Häufigkeitsverteilung mit ungleichen Klassenbreiten auf?
2. An welcher Stelle der Abszisse sind bei der aufsteigenden Summenkurve die Häufigkeiten abzutragen; wo bei der abfallenden Summenkurve?
3. Weshalb wird zusätzlich zur Konzentrationskurve die Gleichverteilungsgerade eingezeichnet?

Aufgaben:

1. 100 Glühlampen eines bestimmten Typs weisen folgende Lebensdauerverteilung auf:

Lebensdauer in Stunden	Anzahl der Lampen
bis 500	5
über 500 bis 1000	15
über 1000 bis 1500	65
über 1500 bis 2000	10
über 2000 bis 2500	5

Stellen Sie die Verteilung in einem Histogramm und Polygon dar. Zeichnen Sie die aufsteigende Summenkurve, und schätzen Sie, wie groß die Anzahl der Lampen mit einer Lebensdauer unter 1250 Stunden ist.

2. Laut Ergebnissen des Mikrozensus veröffentlicht das Statistische Bundesamt die in folgender Tabelle zusammengefasste Verteilung des Nettoeinkommens der Erwerbstätigen.

Erwerbstätige im April 1989 nach Nettoeinkommensgruppen

Nettoeinkommen	Anteil	Klassenmitte	Anzahl in Mio.
unter 600	8,8 %	300	2,25
600 bis unter 800	4,0 %	700	1,02
800 bis unter 1000	4,2 %	900	1,07
1000 bis unter 1200	5,1 %	1100	1,30
1200 bis unter 1400	5,5 %	1300	1,41
1400 bis unter 1800	16,4 %	1600	4,19
1800 bis unter 2200	19,9 %	2000	5,09
2200 bis unter 2500	10,2 %	2350	2,61
2500 bis unter 3000	8,8 %	2750	2,25
3000 bis unter 4000	9,1 %	3500	2,33
4000 und mehr	8,1 %	4500	2,07

Quelle: Statistisches Bundesamt (Hrsg.), Statistisches Jahrbuch 1990 für die Bundesrepublik Deutschland, Wiesbaden 1990, S. 99

Zeichnen Sie die Konzentrationskurve für die Anzahl der Erwerbstätigen im Verhältnis zum insgesamt gezahlten Einkommen. Gehen Sie dabei von den oben angegebenen geschätzten Klassenmitten und Werten für die absolute Anzahl der Beschäftigten in Mio. aus.

3. Der Absatz eines Automobilherstellers verteilt sich auf 4 verschiedene Fahrzeugtypen. Im Jahr 1990 hat er folgende Absatzmengen erreicht:

Fahrzeugtyp	Anzahl verkaufter Autos
Kleinwagen A	1500
Mittelklassewagen B	1300
Oberklassewagen C	700
LKW D	500

Stellen Sie die Werte in einem Kreisdiagramm dar.

4 Statistische Maßzahlen

Lernziel:

> Sie sollen die wichtigsten **Mittelwerte** und **Streuungsmaße** berechnen und interpretieren können.

4.1 Mittelwerte

Tabellen und Schaubilder geben einen ersten Überblick über die Struktur einer Verteilung. Die statistischen **Maßzahlen** haben die Aufgabe, die in den Daten gegebenen Informationen noch stärker zu verdichten und in einigen wenigen Zahlenwerten die Besonderheiten hervorzuheben.

4.1.1 Der Modus

Der **Modus** gehört zur Gruppe der Mittelwerte, die die Aufgabe haben, die Lage der Verteilung auf der Abszisse anzugeben. Mittelwerte geben an, an welcher Stelle der x-Achsen der Schwerpunkt der Verteilung liegt.

Der Modus (Mo) ist derjenige Wert, der in einer Verteilung am häufigsten vorkommt. Er kann bei nicht klassifizierten Werten direkt abgelesen werden. Bei in Klassen eingeteilten Werten muss er durch eine Formeln berechnet werden.

Beispiel:

Notenverteilung in einer Klausur:

Zensuren	1	2	3	4	5	Summe
Anzahl	5	7	14	13	6	45

Die Note 3 kommt am häufigsten vor, damit ist 3 der Modus, Mo = $\underline{\underline{3}}$.

Der Modus hat den **Vorteil**, dass er direkt ohne Rechenarbeit aus der Tabelle abgelesen werden kann. Ein wichtiger **Nachteil** liegt darin, dass der häufigste Wert nur von den

Größenverhältnissen an einer Stelle beeinflusst wird. Damit werden die Informationen, die in den Daten enthalten sind, nur ungenügend ausgeschöpft. Im obigen Beispiel sagt der Modus nur aus, dass die Note 3 die häufigste ist, aber man hat keine Informationen darüber, wie die Notenverteilung außerhalb dieser Stelle aussieht. Folgende Verteilungen führen ebenfalls zu einem Modus von 3:

Zensuren	1	2	3	4	5	Summe
Anzahl I	2	3	14	13	13	45
Anzahl II	13	12	14	6	0	45

Wenn klassifizierte Daten vorliegen, kann der Modus nach folgender **Formel** berechnet werden:

$$Mo = x_u + \frac{f_0 - f_{0-1}}{2 \cdot f_0 - f_{0-1} - f_{0+1}} \cdot i$$

wobei:

Mo = Modus
x_u = Klassenuntergrenze der Klasse, in die der Modus fällt
f_0 = Häufigkeit dieser Klasse
f_{0-1} = Häufigkeit der vorhergehenden Klasse
f_{0+1} = Häufigkeit der nachfolgenden Klasse
i = Klassenbreite, die bei allen drei Klassen gleich sein muss

Beispiel:

Auch in diesem Kapitel soll das Beispiel des „Kaufgut“-Warenhauses weitergeführt werden. Für die Umsatzverteilung eines Tages ist nun der Modus zu berechnen.

Umsatz in DM	Anzahl der Käufe
unter 40	10
40 bis unter 80	32
80 bis unter 120	28
120 bis unter 160	12
160 bis unter 200	9
200 bis unter 240	4
Insgesamt	95

Der Modus liegt in der Klasse von 40 DM bis unter 80 DM, da dort die größte Anzahl der Käufe zu finden ist.

Mit obiger Formel versucht man genauer festzulegen, wo der Modus innerhalb der Klasse liegt, indem man die Häufigkeiten der benachbarten Klassen betrachtet.

$$Mo = 40 + \frac{32 - 10}{2 \cdot 32 - 10 - 28} \cdot 40 = \underline{\underline{73{,}85\ DM}}$$

Der Modus liegt in der Klasse 40 bis unter 80 DM und beträgt 73,85 DM. Da die dritte Klasse mit 28 Käufen wesentlich stärker besetzt ist als die erste, liegt der häufigste Wert näher an dieser dritten Klasse.

4.1.2 Der Median

Auch der **Median** (Mz) oder **Zentralwert** gehört zur Gruppe der Mittelwerte. Er kann berechnet werden, wenn die Merkmalswerte der Größe nach geordnet werden können, also zumindest ordinalskaliert sind.

Der Median ist die Merkmalsausprägung desjenigen Wertes, der eine der Größe nach geordnete Reihe halbiert.

Wenn die Grundgesamtheit eine **ungerade** Anzahl von Werten umfasst, so gibt es einen Wert, der in der Mitte steht. Es ist der Wert mit der **Ordnungsnummer** $z = \frac{n+1}{2}$

Beispiel:

Das Warenhaus „Kaufgut" hat in seinen 7 Filialen in einem norddeutschen Bundesland im letzten Jahr die folgenden Umsätze (in Mio. DM) erzielt:

67, 75, 54, 115, 53, 84, 76

Um den Median zu ermitteln, müssen die Werte zunächst in eine Reihenfolge gebracht werden:

54, 57, 67, 75, 76, 84, 115

Die Reihe umfasst n = 7 Elemente. Die Ordnungsnummer des Median ist

$$z = \frac{7+1}{2} = 4$$

Das vierte Element ist das in der Mitte stehende. Der Median beträgt damit Mz = $\underline{\underline{75}}$.

Die Filiale mit einem Umsatz von 75 Mio. DM ist diejenige, die die Reihe genau in der Mitte teilt. 3 Filialen haben einen geringeren und 3 einen höheren Umsatz.

Wenn die Anzahl von Werten einer **geraden** Zahl entspricht, gibt es keinen Wert, der in der Mitte steht. Man nimmt in diesem Fall die Mitte der beiden mittleren Werte.

Beispiel:

Wenn im obigen Fall eine achte Filiale mit einem Umsatz von 120 Mio. DM hinzukommt, lautet die Reihe:

54, 57, 67, 75, 76, 84, 115, 120

$$n = 8 \qquad z = \frac{n+1}{2} = \frac{8+1}{2} = 4{,}5$$

Der Median ist der Wert, der zwischen der 4. und 5. Stelle der Reihe steht. $Mz = \underline{\underline{75{,}5}}$

Falls die Daten in Klassen eingeteilt sind, muss wie beim Modus durch eine **Formel** berechnet werden, wo der Median innerhalb der Klasse liegt.

$$Mz = x_u + \frac{\frac{n+1}{2} - f_u}{f_e} \cdot i$$

wobei:

Mz = Median
x_u = Klassenuntergrenze der Klasse, in die der Median fällt
n = Anzahl der Elemente
f_u = Häufigkeit **aller** vorhergehenden Klassen
f_e = Häufigkeit der Einfallsklasse
i = Klassenbreite der Einfallsklasse

Beispiel:

Der Assistent des Warenhausleiters möchte nun, nachdem er den Modus mit 73,85 DM ermittelt hat, den Median der Verteilung berechnen.

Insgesamt wurden an dem betreffenden Tag 95 Käufe getätigt. Die Ordnungsnummer des gesuchten Tages ist 48. Gesucht ist der 48. Wert, also derjenige, der die Verteilung in der Mitte teilt.

Durch die aufsteigende Summation (vgl. Kap. 3.6) kann man feststellen, dass der 48. Wert in der Klasse 80 bis unter 120 DM liegen muss. Die ersten 10 Elemente liegen in der ersten Klasse, die Elemente 11 bis 42 in der zweiten, und die Elemente 43 bis 70 in der dritten. Mithilfe der Formel kann nun genauer abgeschätzt werden, wo der Median innerhalb der Klasse liegt.

$$Mz = 80 + \frac{48-42}{28} \cdot 40 = \underline{\underline{88{,}57\ \text{DM}}}$$

Diese Berechnung kann nicht genau sein, da die Verteilung der Werte innerhalb einer Klasse nicht bekannt ist. Man erhält das Ergebnis, dass der Umsatz in Höhe von 88,57 DM die Verteilung genau in der Mitte teilt.

Der Median lässt sich auch **grafisch** ermitteln, indem man in der aufsteigenden (oder absteigenden) Summenkurve den Merkmalswert abliest, bei dem genau die Hälfte (50 %) der summierten Häufigkeiten erreicht ist.

4.1.3 Das arithmetische Mittel

Der am häufigsten berechnete Mittelwert, der im allgemeinen Sprachgebrauch einfach als Mittelwert oder Durchschnitt bezeichnet wird, ist das **arithmetische Mittel**.

Das arithmetische Mittel ($\bar{x}$) entspricht der Summe der Merkmalsausprägungen dividiert durch deren Anzahl.

$$\bar{x} = \frac{x_1 + x_2 + x_3 + \ldots + x_n}{n} = \frac{\sum_{i=1}^{n} x_i}{n}$$

Beispiel:

Der Durchschnittsumsatz der 7 Filialen des Warenhauses ist zu berechnen.

Umsatz der 7 Filialen in Mio. DM: 54, 57, 67, 75, 76, 84, 115

$$\bar{x} = \frac{54 + 57 + 67 + 75 + 76 + 84 + 115}{7} = \frac{528}{7} = \underline{\underline{75{,}429}} \text{ Mio. DM}$$

Der Durchschnittsumsatz beträgt 75,4 Mio. DM. Zur Berechnung wurde der Gesamtumsatz (528 Mio. DM) durch Addition der Einzelumsätze berechnet und dann durch die Anzahl der Filialen dividiert.

Wenn eine Grundgesamtheit mehrere gleiche Merkmalswerte enthält, so lässt sich die Berechnung vereinfachen, indem man jede Merkmalsausprägung mit der Häufigkeit ihres Auftretens gewichtet und das **gewogene arithmetische Mittel** ermittelt.

Beispiel:

Aus der Altersverteilung einer Gruppe von Auszubildenden soll das Durchschnittsalter berechnet werden:

Alter in Jahren	17	18	19	20
Häufigkeit	10	18	15	7

Statt nun das Alter von 17 Jahren 10 mal zu addieren, ist es einfacher, den Wert mit 10 zu multiplizieren. Bei der Berechnung des gewogenen arithmetischen Mittels werden die

Merkmalsausprägungen $x_1, x_2, x_3, \ldots x_n$
mit den Häufigkeiten $f_1, f_2, f_3, \ldots f_n$

gewichtet.

Die Summe der Produkte aus Merkmalsausprägung und Häufigkeit wird durch die Summe der Häufigkeiten dividiert.

$$\bar{x} = \frac{\sum_{i=1}^{n} x_i \cdot f_i}{\sum_{i=1}^{n} f_i}$$

Für das Beispiel bedeutet das

$$\bar{x} = \frac{17 \cdot 10 + 18 \cdot 18 + 19 \cdot 15 + 20 \cdot 7}{10 + 18 + 15 + 7} = \frac{919}{50} = \underline{\underline{18{,}38}} \text{ Jahre}$$

Beispiel:

Bei der Berechnung des Durchschnittsumsatzes für das Beispiel des Warenhauses „Kaufgut“ muss von den Klassenmitten ausgegangen werden, da die Verteilung der Elemente innerhalb der Klassen nicht bekannt ist.

Umsatz in DM	Klassenmitte	Anzahl der Käufe
unter 40	20	10
40 bis unter 80	60	32
80 bis unter 120	100	28
120 bis unter 160	140	12
160 bis unter 200	180	9
200 bis unter 240	220	4
Insgesamt	–	95

$$\bar{x} = \frac{20 \cdot 10 + 60 \cdot 32 + 100 \cdot 28 + 140 \cdot 12 + 180 \cdot 9 + 220 \cdot 4}{95} = \frac{9100}{95} = \underline{\underline{95{,}79}}$$

Der Durchschnittsumsatz beträgt 95,79 DM.

4.1.4 Das geometrische Mittel

Um Entwicklungstendenzen im **Zeitablauf** zu charakterisieren, benutzt man das geometrische Mittel, bei dem alle Merkmalswerte miteinander multipliziert werden, um anschließend die n-te Wurzel aus diesem Produkt zu ziehen.

Das geometrische Mittel wird zur Analyse von Wachstumsraten im Zeitablauf berechnet.

$$G = \sqrt[n]{x_1 \cdot x_2 \cdot x_3 \ldots x_n}$$

Wenn jährliche Zuwachsraten gegeben sind, kann mithilfe des geometrischen Mittels die durchschnittliche jährliche Zuwachsrate ermittelt werden.

Beispiel:

Die Absatzmenge des Warenhauses „Kaufgut“ hat sich in den vergangenen Jahren wie folgt entwickelt:

vom Jahr 1 zum Jahr 2: Steigerung um 8 %
vom Jahr 2 zum Jahr 3: Steigerung um 15 %

vom Jahr 3 zum Jahr 4: Steigerung um 10 %
vom Jahr 4 zum Jahr 5: Steigerung um 5 %

Es handelt sich um relative prozentuale Werte, die umgewandelt werden müssen.

vom Jahr 1 zum Jahr 2: 1,08
vom Jahr 2 zum Jahr 3: 1,15
vom Jahr 3 zum Jahr 4: 1,10
vom Jahr 4 zum Jahr 5: 1,05

Diese Werte sind in die Formel einzusetzen:

$$G = \sqrt[4]{1{,}08 \cdot 1{,}15 \cdot 1{,}10 \cdot 1{,}05} = \sqrt[4]{1{,}43451} = \underline{\underline{1{,}0944}}$$

Die durchschnittliche Zuwachsrate beträgt 9,44 %.

Zusammenfassung:

Mittelwerte

- **Modus** (Mo) = häufigster Wert
  - bei nichtklassifizierten Daten direkt ablesbar
  - bei klassifizierten Daten über eine Formel zu bestimmen
- **Median** (Mz) = Zentralwert, Merkmalsausprägung desjenigen Wertes, der eine der Größe nach geordnete Reihe halbiert
  - bei nichtklassifizierten Daten nach Ordnung der Reihe schnell abzählbar
  - bei klassifizierten Daten über eine Formel zu bestimmen
- **Arithmetisches Mittel** ($\bar{x}$) = Summe der Merkmalsausprägungen dividiert durch deren Anzahl
  - gewogenes arithmet. Mittel bei mehreren gleichen Merkmalswerten
  - bei klassifizierten Daten Berechnung mit Hilfe der Klassenmittelwerte
- **Geometrisches Mittel** (G) = Mittelwert zur Analyse von Wachstumsraten im Zeitablauf

4.2 Streuungsmaße

Die Berechnung eines Mittelwertes reicht nicht aus, um eine Verteilung vollständig zu beschreiben. Mittelwerte geben die Lage einer Verteilung auf der Abszisse und damit die mittlere Tendenz an. Sie sagen aber nichts aus über die **Abweichung** der Einzelwerte von diesem Mittelwert.

Die folgende Abbildung zeigt 3 Verteilungen, die alle die gleichen Mittelwerte haben, aber ansonsten sehr unterschiedlich sind.

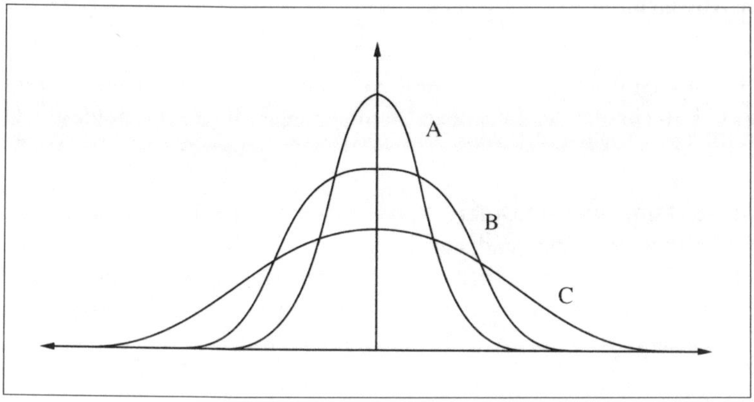

Abb. 16: Drei Verteilungen mit gleichen Mittelwerten, aber unterschiedliche Streuung

Die 3 Verteilungen unterscheiden sich durch ihre **Streuung**. Die Kurve A ist sehr steil, die Werte liegen nah zusammen und haben eine geringe Streuung. Die Kurve C hat ihre Mittelwerte an der gleichen Stelle wie A, verläuft aber wesentlich flacher und hat eine größere Streuung.

Die statistischen Kennzahlen, die über die Streuung Auskunft geben, sind die **Streuungsmaße**.

4.2.1. Die Spannweite

Die Spannweite ist die Differenz zwischen dem größten und dem kleinsten Merkmalswert, der in einer Verteilung vorkommt.

Bei klassifizierten Daten ist darauf zu achten, dass man nicht von den Klassenmitten, sondern vom kleinsten Wert der ersten Klasse und dem größten Wert der letzten Klasse auszugehen hat.

Beispiel:

Im Fall des „Kaufgut"-Warenhauses beträgt die Spannweite 240 – 0 = 240 DM.

Das Beispiel verdeutlicht, dass die Spannweite nur dazu dienen kann, einen schnellen Überblick über eine Verteilung zu geben. Sie wird von den extremen Werten verfälscht, da nur diese beiden **Extremwerte** in die Berechnung eingehen.

4.2.2 Die mittlere Abweichung

Während bei der Ermittlung der Spannweite nur die beiden Extremwerte berücksichtigt werden, gehen in die Berechnung der folgenden Streuungmaße **alle** Beobachtungswerte ein.

Für die **mittlere Abweichung** wird die Differenz zwischen jedem Beobachtungswert und dem arithmetischen Mittel berechnet und aufaddiert. Da sich bei der Addition aber positive und negative Abweichungen aufheben würden, geht man von der Summe der **absoluten** Beträge aus. Aus allen negativen Werten werden positive. Die Summe wird schließlich durch die Anzahl der Werte dividiert, um zu einem Mittelwert der Abweichungen zu kommen.

Die mittlere Abweichung (d) ist das arithmetische Mittel aus den absoluten Beträgen der Abweichungen aller Beobachtungswerte einer Verteilung vom arithmetischen Mittel.

Bei der Berechnung ist, wie beim arithmetischen Mittel, zwischen dem **ungewogenen** und dem **gewogenen** Fall, bei dem mehrere gleiche Merkmalswerte vorkommen, zu unterscheiden.

$$d = \frac{\sum |x_i - \bar{x}|}{n} \qquad \text{ungewogener Fall}$$

$$d = \frac{\sum |x_i - \bar{x}| \cdot f_i}{\sum f_i} \qquad \text{gewogener Fall}$$

Die **Summationsgrenzen** lauten üblicherweise i = 1 bis n und werden der Einfachheit halber weggelassen. Anstelle des arithmetischen Mittels kann auch von einem beliebigen anderen Mittelwert, wie dem Modus oder Median, ausgegangen werden.

Beispiel:

Berechnen Sie die mittlere Abweichung des Umsatzes im „Kaufgut“-Warenhaus vom Durchschnittsumsatz, der im Kap. 4.1.3 mit 95,79 DM ermittelt wurde.

Umsatz in DM	Klassen-mitte	Anzahl f_i	$x_i - \bar{x}$	$\lvert x_i - \bar{x}\rvert \cdot f_i$
unter 40	20	10	–75,79	757,90
40 bis unter 80	60	32	–35,79	1145,28
80 bis unter 120	100	28	4,21	117,88
120 bis unter 160	140	12	44,21	530,52
160 bis unter 200	180	9	84,21	757,89
200 bis unter 240	220	4	124,21	496,84
Insgesamt	–	95	–	3806,31

$$d = \frac{3806,31}{95} = \underline{\underline{40,0664}}$$

Die mittlere Abweichung der Umsatzhöhe der 95 Käufe vom arithmetischen Mittel beträgt d = 40,07 DM. Je größer der Wert, desto größer ist die Streuung.

4.2.3 Varianz und Standardabweichung

Die wichtigsten Streuungsparameter, die auch in der Praxis meist verwendet werden, sind die **Varianz σ^2** und die Quadratwurzel daraus, die **Standardabweichung σ** (sigma).

Bei der Berechnung geht man ganz ähnlich vor wie bei der mittleren Abweichung. Statt der beitragsmäßigen Betrachtung der Differenz zwischen den Beobachtungswerten und dem arithmetischen Mittel werden bei der Varianz die Differenzen **quadriert**, damit sich positive und negative Abweichungen nicht saldieren.

Die Varianz ist die Summe der Abweichungsquadrate aller Merkmalswerte einer Verteilung von ihrem arithmetischen Mittel, dividiert durch die Anzahl der Merkmalswerte.

Auch hier ist der **gewogene** und **ungewogene** Fall zu unterscheiden.

$$\sigma^2 = \frac{\sum (x_i - \bar{x})^2}{n}$$ ungewogener Fall

$$\sigma^2 = \frac{\sum (x_i - \bar{x})^2 \cdot f_i}{\sum f_i}$$ gewogener Fall

Beispiel:

Berechnung der Varianz für den Umsatz des Warenhauses „Kaufgut“

Umsatz in DM	Klassen-mitte	Anzahl f_i	$x_i - \bar{x}$	$(x_i - \bar{x})^2 \cdot f_i$
unter 40	20	10	–75,79	57441,2410
40 bis unter 80	60	32	–35,79	40989,5712
80 bis unter 120	100	28	4,21	496,2748
120 bis unter 160	140	12	44,21	23454,2892
160 bis unter 200	180	9	84,21	63821,9169
200 bis unter 240	220	4	124,21	61712,4964
Insgesamt	–	95	–	247915,7895

$$\sigma^2 = \frac{247915{,}7895}{95} = \underline{\underline{2609{,}6399}}$$

Die Varianz beträgt 2609,64. Bei der **Interpretation** des Ergebnisses treten Schwierigkeiten auf, da die Varianz durch die Quadratur bei der Berechnung als **Dimension** nun das Quadrat der ursprünglichen Dimension hat. Im vorliegenden Beispiel beträgt die Dimension also DM^2.

Um diese Interpretationsprobleme zu umgehen und um das eigentliche Streuungsmaß zu erhalten, wird die **Standardabweichung** als Quadratwurzel aus der Varianz berechnet.

$$\sigma = \sqrt{\sigma^2}$$

Für das obige Beispiel beträgt die Standardabweichung

$$\sigma = \sqrt{2609{,}6399} = \underline{\underline{51{,}0846}}$$

Im Durchschnitt weichen die Umsätze um 51,08 DM nach oben und unten vom Mittelwert ab.

Varianz und Standardabweichung sind die **wichtigsten** Streuungsmaße, die zwar umständlich zu berechnen sind aber den Vorteil haben, dass sie von allen Merkmalswerten abhängig sind und von Extremwerten nicht stark beeinflusst werden.

Beispiel:

Für die 7 Filialen des Warenhauses, deren Durchschnittsumsatz im Kap. 4.1.3 mit 75,43 Mio. DM berechnet wurde, ist die Standardabweichung zu ermitteln. Hier kann die Formel für den ungewogenen Fall verwendet werden, da keine Merkmalsausprägungen mehrfach auftreten.

Der Umsatz der 7 Filialen in Mio. DM beträgt:

54, 57, 67, 75, 76, 84, 115

$$\sigma^2 = \frac{(54-75{,}43)^2+(57-75{,}43)^2+\ldots+(115-75{,}43)^2}{7} = \frac{2509{,}71}{7} = \underline{\underline{358{,}53}}$$

$$\sigma = \underline{\underline{18{,}93}}$$

Im Durchschnitt weicht der Umsatz der Filialen um 18,93 Mio. DM vom Durchschnittsumsatz ab.

4.2.4 Der Variationskoeffizient

Sowohl die Standardabweichung als auch die mittlere Abweichung sind **absolute** Streuungsmaße, somit hängt ihr Wert von der Dimension der Merkmalswerte ab. Diese Streuungsmaße sind zum Vergleich verschiedener Grundgesamtheiten nicht geeignet.

Relative Streuungsmaße setzen die absolute Streuung ins Verhältnis zum Mittelwert. Das wichtigste relative Streuungsmaß, das von der Standardabweichung und dem arithmetischen Mittel ausgeht, ist der Variationskoeffizient.

Der Variationskoeffizient ist das Verhältnis der Standardabweichung zum arithmetischen Mittel, ausgedrückt in Prozentwerten.

$$v = \frac{\sigma}{\bar{x}} \cdot 100$$

Beispiel:

Der Vergleich des Durchschnittseinkommens der Bevölkerung zweier Länder führt zu folgendem Ergebnis:

Land 1 : $\bar{x}_1 = 3200\,\$$ $\quad \sigma_1 = 400\,\$$ $\quad v_1 = \underline{\underline{12{,}50\,\%}}$

Land 2 : $\bar{x}_2 = 450\,\$$ $\quad \sigma_2 = 100\,\$$ $\quad v_2 = \underline{\underline{22{,}22\,\%}}$

Obwohl im Land 1 die Standardabweichung größer ist als im Land 2, kann nicht gesagt werden, dass die Streuung der Einkommensverteilung des ersten Landes größer ist, da das Einkommensniveau beider Länder unterschiedlich ist. Zum Vergleich eignet sich nur ein relatives Streuungsmaß. Die relative Streuung des Einkommens im Land 2 ist mit 22,22 % größer als im Land 1.

Beispiel:

Die relative Streuung der Umsätze im Warenhaus „Kaufgut" beträgt:

$$v = \frac{51{,}08}{95{,}79} \cdot 100 = \underline{\underline{53{,}32\,\%}}$$

Zusammenfassung:

Streuungsmaße

→ **Spannweite** = Differenz zwischen größter und kleinster Merkmalsausprägung

→ zum schnellen Überblick über eine Verteilung

→ **Mittlere Abweichung** (d) = arithmetisches Mittel aus den absoluten Beträgen der Abweichungen aller Beobachtungswerte vom Mittelwert

→ gewogener und ungewogener Teil

Varianz (σ^2) = Summe der Abweichungsquadrate aller Merkmalswerte von ihrem arithmetischen Mittel dividiert durch die Anzahl der Merkmalswerte

→ gewogener und ungewogener Fall

→ **Standardabweichung** (σ) = Quadratwurzel aus der Varianz

→ besser interpretierbar, da Dimension mit Dimension der Merkmalswerte übereinstimmt

→ **Variationskoeffizient** (v) = Verhältnis der Standardabweichung zum arithmetischen Mittel in Prozent

Fragen:

1. Was ist der grundlegende Unterschied zwischen Mittelwerten und Streuungswerten?
2. Nennen Sie einen wichtigen Nachteil des Modus.
3. Was versteht man unter dem gewogenen arithmetischen Mittel?
4. Was ist der Unterschied zwischen der mittleren Abweichung und der Standardabweichung?
5. Das Alter von 5 Personen ist: 16, 17, 17, 19, 21.
   Berechnen Sie Modus, Median, arithmetisches Mittel und Standardabweichung.
6. Was ist der besondere Vorteil des Variationskoeffizienten?

Aufgaben:

1. Das Warenhaus „Kaufgut“ hat in Bayern 21 Filialen. Die Umsätze dieser Filialen sollen erfasst und mit statistischen Methoden analysiert werden. Eine telefonische Nachfrage führt zu dem Ergebnis, dass der Umsatz (in Mio. DM) im Jahr 1990 folgende Werte annahm:

Filiale	1	2	3	4	5	6	7	8	9	10	11
Umsatz	55	65	49	84	18	105	88	58	12	87	38

Filiale	12	13	14	15	16	17	18	19	20	21
Umsatz	82	42	92	36	91	42	95	23	99	29

Berechnen Sie Modus, Median und arithmetisches Mittel.

2. Ein Speditionsunternehmen untersucht das Alter seiner LKWs und kommt zu folgendem Ergebnis:

Alter	Anzahl
bis 2 Jahre	30
über 2 bis 4 Jahre	35
über 4 bis 6 Jahre	20
über 6 bis 8 Jahre	15
Summe	100

Berechnen Sie Modus, Median, arithmetisches Mittel sowie Standardabweichung und Variationskoeffizient.

5 Verhältnis- und Indexzahlen

Lernziel:

> Sie sollen in dem folgenden Kapitel lernen, Verhältniszahlen selbst zu berechnen. Sie sollen neben der Berechnung der Verhältniszahlen deren Aussage interpretieren können, und zwar an betriebswirtschaftlichen und an volkswirtschaftlichen Beispielen, wie dem Preisindex der Lebenshaltung.

5.1 Verhältniszahlen im Betrieb

Die Methoden der Darstellung des statistischen Materials dienen dazu, eine übersichtliche Form zu finden. Mittelwerte und Streuungsmaße haben die Aufgabe, die Struktur der Daten zu charakterisieren. Damit ist diesen beiden Methoden eine Reduktion bzw. Zusammenfassung der umfangreichen Daten auf einige wenige Zahlenwerte gemeinsam. Aufgabe der Verhältniszahlen ist es, die Beziehungen zwischen den einzelnen statistischen Merkmalen und Merkmalsausprägungen durchsichtig und übersichtlich zu machen, Vergleiche mit anderen Abteilungen oder Bereichen bzw. Vergleiche mit anderen Zeitpunkten oder Zeiträumen zu ermöglichen.

Bei der Bildung von Verhältniszahlen werden statistische Zahlen dadurch miteinander verglichen, dass man sie dividiert.

Es wird also ein Quotient (ein Verhältnis) zweier statistischer Zahlen gebildet. Man erhält die Aussage, in welchem Verhältnis die eine statistische Erscheinung zur anderen steht.

In der Praxis spricht man pauschal auch von Kennzahlen, wobei man diese Kennzahlen unterscheidet in
- Gliederungszahlen
- Beziehungszahlen
- Messzahlen.

5.1.1 Gliederungszahlen

Bei den Gliederungszahlen wird eine Teilmasse einer ihr übergeordneten Gesamtmasse gegenübergestellt.

Gesamtmasse: Teilmasse = 100 : Gliederungszahl

$$\text{Gliederungszahl} = \frac{\text{Teilmasse}}{\text{Gesamtmasse}} \cdot 100$$

Die Größe im Zähler ist in der Größe des Nenners mit enthalten und stellt einen Teil desselben dar. Damit drückt die Gliederungszahl den Anteil der Teilmasse an der Gesamtmasse aus.

Beispiel:

Der Umsatz der Abteilung „Bekleidung" des Warenhauses „Kaufgut" betrug im Jahr 19.. 8,6 Mio. DM; der Gesamtumsatz 29,2 Mio. DM.

Wie hoch ist der Anteil in Prozent am Gesamtumsatz ?

? %	...	8,6 Mio. DM
100 %	...	29,2 Mio. DM

$$\frac{8{,}6 \cdot 100}{29{,}2} = \underline{\underline{29{,}45\ \%}}$$

Die Abteilung „Bekleidung" erzielt 29,45 % vom Gesamtumsatz.

Die Gliederungszahl 29,45 gibt das Verhältnis des Teilumsatzes zum Gesamtumsatz an.

Weitere Beispiele:

Anteil der Werbungskosten von 1,30 Mio. DM an den Vertriebskosten von 3,54 Mio. DM:

$$\frac{1{,}30 \text{ Mio. DM}}{3{,}54 \text{ Mio. DM}} \cdot 100 = \underline{\underline{36{,}72\ \%}}$$

Die Werbungskosten sind ein Teil der Vertriebskosten und die Gliederungszahl sagt aus, dass 36,72 % der Vertriebskosten auf die Werbungskosten entfallen.

Der Anteil der 120 weiblichen Beschäftigten an den insgesamt 480 Mitarbeitern beträgt:

$$\frac{120}{480} \cdot 100 = \underline{\underline{25\ \%}}$$

Der Anteil der Kosten für Löhne und Gehälter von 15,0 Mio. DM an den Gesamtkosten von 35,4 Mio. DM beträgt:

$$\frac{15{,}0 \text{ Mio. DM}}{35{,}4 \text{ Mio. DM}} \cdot 100 = \underline{\underline{42{,}37\ \%}}$$

Hat eine Partei bei einer Wahl z. B. 40 % der abgegebenen gültigen Stimmen erhalten, so ist dies eine Gliederungszahl, aus der die absoluten Häufigkeiten der Merkmalsausprägungen (gültige Stimmen für diese Partei und gültige Stimmen überhaupt) nicht mehr ersichtlich sind, die sich aber aus diesen Häufigkeiten errechnet:

$$\frac{\text{Wähler der Partei XY}}{\text{Anzahl der abgeg. gült. Stimmen}} \cdot 100 = \frac{12\,000\,000}{30\,000\,000} \cdot 100 = \underline{\underline{40\ \%}}$$

5.1.2 Beziehungszahlen

Bei den Beziehungszahlen werden verschiedenartige statistische Massen einander gegenübergestellt.

$$\text{Beziehungszahl} = \frac{\text{Gesamtmasse A}}{\text{Gesamtmasse B}} \cdot 100$$

Bekannte Beziehungszahlen sind die sogenannten Dichteziffern, z.B.:

$$\text{Kfz-Dichte} = \frac{\text{zugelassene Kraftfahrzeuge in der BRD}}{\text{Gesamtbevölkerung in der BRD}}$$

Aus dem betrieblichen Bereich sind bekannte und allgemein benutzte Beziehungszahlen, z. B.:

$$\text{Eigenkapital-Rentabilität} = \frac{\text{Gewinn (Jahresüberschuss)}}{\text{Durchschnittlich eingesetztes Eigenkapital}}$$

$$\text{Produktivität} = \frac{\text{Ausbringung (z. B. hergestellte Menge(n))}}{\text{Einsatz (z. B. eingesetzte Mengen an Material, Maschinen, Arbeitszeit, Arbeitskräfte etc.)}}$$

$$\text{Wirtschaftlichkeit} = \frac{\text{Leistung}}{\text{Kosten}}$$

Beispiel:

Der Gewinn des Warenhauses „Kaufgut“ betrug 19.. 1,6 Mio. DM; das Eigenkapital 14 Mio. DM.

Wie hoch war der Gewinn, bezogen auf das Eigenkapital?

Rentabilität des Eigenkapitals:

? % – 1,6 Mio. DM
100 % – 14 Mio. DM

$$\frac{1{,}6 \times 100}{14} = \underline{\underline{11{,}43\ \%}}$$

Die Eigenkapitalrentabilität betrug 11,43 %.

Beispiel:

Bei einer Bevölkerungszahl (1987) von 61 083 000 und zugelassenen Kraftfahrzeugen (1988) von 33 764 000 ergibt sich eine

$$\text{Kfz-Dichte} = \frac{33\,764\,000}{61\,083\,000} \cdot 100 = \underline{\underline{0{,}55}}$$

D.h., etwa jeder Zweite in der BRD hat ein Kfz.

(Quelle: Datenreport 1989, Hrsg. StBA)

Beispiel:

Der durchschnittliche Lagerbestand zu Einstandspreisen beträgt in einem Unternehmen 120 000 DM; der Umsatz zu Einstandspreisen (Warenaufwand) beträgt 480 000 DM.

Berechnen Sie

– die Lagerumschlagshäufigkeit

$$\text{Lagerumschlagshäufigkeit} = \frac{\text{Umsatz zu Einstandspreisen}}{\text{durchschn. Lagerbestand}}$$

$$= \frac{480\,000}{120\,000} = \underline{\underline{4}}$$

Das Lager wurde in dem Zeitraum, in dem die Daten erfasst wurden, 4 mal umgeschlagen.

– die durchschnittliche Lagerdauer in Tagen:

$$\text{Durchschnittl. Lagerdauer} = \frac{360}{\text{Lagerumschlagshäufigkeit}} = \frac{360}{4} = \underline{\underline{90}}$$

Im Durchschnitt wird das Lager alle 90 Tage geräumt.

Auf jeden Fall ist vor der Berechnung von Beziehungszahlen darauf zu achten, dass die Definition und die Aussagekraft der Massen, die zueinander in Beziehung gesetzt werden, der Fragestellung entsprechen und zu sinnvollen Aussagen führen. Sinnvoll bedeutet in diesem Falle, dass eine sachliche Beziehung zwischen den Massen vorhanden sein muss.

5.1.3 Messzahlen

Bei Messzahlen werden gleichartige statistische Massen einander gegenübergestellt.

$$\text{Messzahl} = \frac{\text{gleichartige Masse A}}{\text{gleichartige Masse B}} \cdot 100$$

Allerdings ist die Gleichartigkeit nicht eindeutig definiert. Man spricht jedoch dann von Gleichartigkeit, wenn es möglich ist, beide Massen zu einer übergeordneten Gesamtheit zusammenzufassen.

Beispiel:

$$\frac{\text{Anzahl Angestellte}}{\text{Anzahl Arbeiter}} \cdot 100 = \frac{110}{310} \cdot 100 = \underline{\underline{35{,}48\ \%}}$$

Beide Massen lassen sich unter dem Oberbegriff Arbeitnehmer zusammenfassen. Die prozentuale Angabe von 35,48 % sagt aus, dass auf 100 Arbeiter 35 Angestellte entfallen.

Meistens dienen Messzahlen zur Darstellung zeitlicher Entwicklungen; man spricht dann von sogenannten **dynamischen Messzahlen**. Dabei werden gleiche Massen einander gegenübergestellt, wobei sie lediglich durch ihre zeitliche Entwicklung voneinander verschieden sind.

$$\text{Messzahl} = \frac{\text{gleiche Masse zum Beobachtungszeitpunkt}}{\text{gleiche Masse zum Basiszeitpunkt}} \cdot 100$$

Die Berechnung einer dynamischen Messzahl bezieht man immer auf ein Basisjahr, dessen Wert mit 100 % gleichgesetzt wird. Demgegenüber wird der prozentuale Wert des **Berichtsjahres** berechnet, wobei sich das Ergebnis als eine Steigerung oder eine Senkung in % ergibt. Die Wahl des Basis- und des Berichtsjahres hängt von der statistischen Fragestellung ab. Im volkswirtschaftlichen Vergleich wird die Forderung gestellt, dass das **Basisjahr** einen konjunkturell normalen Verlauf haben muss.

Beispiel:

$$\frac{\text{Umsatz 1990}}{\text{Umsatz 1989}} \cdot 100 = \frac{310\,000}{290\,000} \cdot 100 = \underline{\underline{106{,}9\ \%}}$$

Der Umsatz stieg um 6,9 %.

$$\frac{\text{Produktion im Jahre 1990}}{\text{Produktion im Jahre 1989}} \cdot 100 = \frac{137\,600\ \text{Stück}}{141\,900\ \text{Stück}} \cdot 100 = \underline{\underline{97\ \%}}$$

Gegenüber dem Jahr 1989 ist im Jahre 1990 die Produktion um 3 % zurückgegangen.

$$\frac{\text{Gewinn 1990}}{\text{Gewinn 1989}} \cdot 100 = \frac{6\ \ \text{Mio. DM}}{5{,}9\ \text{Mio. DM}} \cdot 100 = \underline{\underline{101{,}7\ \%}}$$

Gemessen am Jahr 1989 war 1990 eine Gewinnsteigerung von 1,7 % zu verzeichnen.

Häufig werden **Messzahlreihen** erstellt, bei denen sich mehrere Messzahlen auf dasselbe Basisjahr beziehen. Bei fortschreitenden Berechnungen wird das Basisjahr immer beibehalten. Treten jedoch im Laufe der Zeit **Strukturveränderungen** auf, so wird das Basisjahr als Vergleichsperiode ungeeignet. Für die Weiterführung der Reihe ist dann die Wahl eines **neuen Basisjahres** notwendig.

Beispiel:

Der Umsatz einer Abteilung des Warenhauses „Kaufgut" nahm folgende Entwicklung:

Jahr	Umsatz in Mio. DM	Messzahl in %
1986	6,50	100
1987	6,64	102,15
1988	6,89	106
1989	6,70	103,07
1990	7,12	109,53

z. B. Messzahl 1987 $= \frac{6{,}64}{6{,}50} \cdot 100 = \underline{\underline{102{,}15}}$

Der Umsatz stieg vom Basisjahr 1986 = 100 auf 1990 um 9,53 %. Da 1989 ein Umsatzrückgang war, ist zu prüfen, ob es sich um einen Strukturwandel handelt und ein neues Basisjahr zu wählen ist.

Die dynamischen Messzahlen werden auch als einfacher ungewogener Index bezeichnet.

Beispiel:

Eine Abteilung des Warenhauses „Kaufgut" berechnet ihre Kosten aus Einkäufen I und II sowie andere Kosten. Es sind die „Alten" und die „Neuen" Kosten bekannt; der Selbstkostenindex soll berechnet werden.

Zusammensetzung der Selbstkosten

Kostenart	Standardselbstkosten in DM	Neue Selbstkosten in DM
Einkauf I	240	280
Einkauf II	150	182
Löhne, Gehälter, soziale Abgaben	188	264
sonstige Kosten	110	112
Insgesamt	688	838

Der Selbstkostenindex wird als einfache Messzahl bestimmt:

$$I = \frac{838}{688} \cdot 100 = \underline{\underline{121{,}80}}$$

Die gesamten Selbstkosten haben für ein Produkt eine Zunahme um 21,80 % zu verzeichnen.

Zusammenfassung:

Verhältniszahlen = Quotient aus zwei statistischen Massen

- → Quotient aus **ungleichartigen** Massen

  $$\text{Beziehungszahl} = \frac{\text{Gesamtmasse A}}{\text{Gesamtmasse B}} \cdot 100$$

- → Quotient aus **gleichartigen** Massen
  - → Gliederungszahl

    $$= \frac{\text{Teilmasse}}{\text{Gesamtmasse}} \cdot 100$$

  - → Messzahl
    - → gleicher Oberbegriff

      $$= \frac{\text{gleichartige Masse}}{\text{gleichartige Masse}} \cdot 100$$

    - → gleiche Masse, aber zeitlich verschieden

      $$= \frac{\text{Masse Beobachtungszeit}}{\text{Masse Basiszeit}} \cdot 100$$

5.2 Indexzahlen

Eine der wichtigsten Indexzahlen zur Charakterisierung der volkswirtschaftlichen Gesamtsituation ist der **Preisindex der Lebenshaltung**. Er ist eine Indexzahl und damit eng verwandt mit den dynamischen Messzahlen.

Durch die Indexzahlen, auch den Preisindex der Lebenshaltung, wird eine zeitliche Entwicklung charakterisiert. Im Gegensatz zu den vorher besprochenen Messzahlen wird aber nicht die zeitliche Entwicklung eines einzelnen Merkmalswertes, sondern die Entwicklung einer Vielzahl von Merkmalswerten aufgezeigt. Wie bei der dynamischen Messzahl legt man auch hier ein Basis- bzw. Berichtsjahr fest und stellt einen Vergleich der Werte des Berichtsjahres mit denen des Basisjahres an. Von der Vielzahl der in die Indexrechnung eingehenden Waren kann **jede einen anderen Preis** besitzen; es werden von den einzelnen Waren **unterschiedliche Mengen verbraucht**.

Damit ist der Index eine durchschnittliche zeitliche Preis- und Mengenentwicklung all dieser Waren.

5.2.1 Die Gewichtung

Bei der Berechnung der Indexzahl, die die durchschnittliche zeitliche Entwicklung einer Vielzahl von Tatbeständen charakterisiert, geht man davon aus, dass zunächst für jeden Tatbestand gesondert die dynamische Messzahl berechnet wird. Anschließend wird aus allen Messzahlen der Durchschnittswert gebildet. **Bei der Berechnung des einfachen Durchschnitts würden alle Waren gleichgewichtig in die Berechnung eingehen. Dies entspricht aber nicht der Wirklichkeit, da die Waren unterschiedliche wirtschaftliche Bedeutung haben** (z. B. hat Lachs längst nicht die gleiche Bedeutung wie Brot) und deshalb entsprechend ihrem Rang im wirtschaftlichen System gewichtet werden müssen.

Man geht davon aus, dass Waren, die einen größeren Anteil am Gesamtumsatz haben, stärker berücksichtigt werden müssen als Waren mit geringerem Anteil am Gesamtumsatz. Dies bedeutet, dass die **Umsatzwerte** der einzelnen Waren als **Gewichtungsfaktoren** verwendet werden.

Folgende zwei Gewichtungssysteme haben sich durchgesetzt:
- Gewichte aus dem Basisjahr (Index nach Laspeyres)
- Gewichte aus dem Berichtsjahr (Index nach Paasche).

Für die Berechnung ergeben sich folgende Formeln, die man auch als aggregierte Indexformeln bezeichnet:

5.2.2 Gewichte aus der Basisperiode – Index nach Laspeyres

Preisindex:

$$I_{o.i} = \frac{\Sigma p_i \cdot q_o}{\Sigma p_o \cdot q_o} \cdot 100$$

Mengenindex:

$$I_{o.i} = \frac{\Sigma p_o \cdot q_i}{\Sigma p_o \cdot q_o} \cdot 100$$

Beispiel:

Ein Abteilungsleiter, der vier Warengattungen betreut, möchte wissen, wie sich die Preise und Mengen im Laufe von drei Perioden verändert haben.

	Jahr 1		Jahr 2		Jahr 3	
Ware	Preis in DM p_o	Menge in kg q_o	Preis in DM p_1	Menge in kg q_1	Preis in DM p_2	Menge in kg q_2
A	2,20	560	2,00	580	2,80	600
B	14,00	112	12,00	148	15,00	150
C	40,00	18	40,00	20	50,00	22
D	9,60	680	9,40	720	9,80	730

Allgemeine Preisentwicklung in dem Zeitraum Jahr 1 (= Basis o) bis Jahr 2 (= Berichtsperiode 1):

$$I_{o.1} = \frac{\Sigma p_1 \cdot q_o}{\Sigma p_o \cdot q_o} \cdot 100$$

$$= \frac{2{,}00 \cdot 560 + 12 \cdot 112 + 40 \cdot 18 + 9{,}40 \cdot 680}{2{,}20 \cdot 560 + 14 \cdot 112 + 40 \cdot 18 + 9{,}60 \cdot 680} \cdot 100$$

$$= \frac{1120 + 1344 + 720 + 6392}{1232 + 1568 + 720 + 6528} \cdot 100$$

$$= \frac{9576}{10048} \cdot 100 = \underline{\underline{95{,}3}}$$

Wie sich aus den Messzahlen ergibt, wurde das Jahr 1 als Basis 0 mit 100 angenommen; im Vergleich zu dieser Basis ist das Preisniveau von der 0. zur 1. Periode auf 95,3 zurückgegangen.

Auf die gleiche Weise berechnet man den Preisindex für die Entwicklung im Zeitraum 0. bis 2. Periode:

$$I_{o.2} = \frac{\sum p_2 \cdot q_o}{\sum p_o \cdot q_o} \cdot 100$$

$$= \frac{10812}{10048} \cdot 100 = \underline{\underline{107,60}}$$

Gegenüber der Basisperiode ist das Preisniveau von 100 auf 107,6 gestiegen; damit ist der Preisrückgang in der Periode 1 ausgeglichen worden.

Da neben der Preisentwicklung auch die Mengenentwicklung berechnet werden soll, müssen die Preise der Basisperiode konstant gehalten werden. Die Menge hat sich von der Basisperiode 0 bis zu Periode 2 wie folgt entwickelt:

$$I_{o.2} = \frac{\sum p_o \cdot q_2}{\sum p_o \cdot q_o} \cdot 100$$

$$\frac{2{,}20 \cdot 600 + 14 \cdot 150 + 40 \cdot 22 + 9{,}60 \cdot 730}{2{,}20 \cdot 560 + 14 \cdot 112 + 40 \cdot 18 + 9{,}60 \cdot 680} \cdot 100$$

$$= \frac{1320 + 2100 + 880 + 7008}{1232 + 1568 + 720 + 6528} \cdot 100$$

$$= \frac{11308}{10048} \cdot 100 = \underline{\underline{112,54}}$$

Die umgesetzte Menge stieg von der Basisperiode 0 bis zur Periode 2 von 100 auf 112,54. (Für Basisperiode 1 ergibt sich: 110,07).

Die Indexformeln nach Laspeyres können in der betrieblichen Praxis leicht angewandt werden, da sie den Vorteil haben, dass die Gewichte nur einmal bestimmt werden müssen, denn sie sind für jede Berechnung gleich. Selbst dann, wenn ein Zeitraum von mehreren Jahren verglichen wird, können die Gewichte beibehalten werden, wodurch sich der Rechenaufwand vermindert, denn der Nenner der Formel bleibt stets gleich.

Der wichtigste Vorteil der Laspeyresschen Formeln liegt in der direkten Vergleichbarkeit aller Zahlen einer Indexreihe, die nach dieser Formel bestimmt wurde.

Diese Vergleichbarkeit aller Werte resultiert aus dem festen Basisjahr, dessen Werte als Gewichte herangezogen werden, und damit aus der Konstanz der Gewichte.

Diesem Vorteil entspricht jedoch ein Nachteil. Bei der Verwendung konstanter Gewichte wird angenommen, dass sich nur ein Faktor ändert, aber der andere konstant bleibt. Dies bedeutet: Beim Preisindex wird angenommen, dass die Verkaufsmengen des Basisjahres sich in jedem Folgejahr nicht ändern; beim Mengenindex wird angenommen, dass sich die Preise im Laufe der Zeit nicht ändern. Diese Annahme ist jedoch höchst unrealistisch.

Besonders wenn die Berichtsperiode zeitlich weit von der Basisperiode entfernt ist, muss angenommen werden, dass der Laspeyres-Index unexakt ist, da die unverändert beibehaltenen Gewichte der Basisperiode weder den Preiswandel noch die Mengenveränderung erfassen.

5.2.3 Gewichte aus der Berichtsperiode – Index nach Paasche

Preisindex:

$$I_{o.i} = \frac{\Sigma p_i \cdot q_i}{\Sigma p_o \cdot q_i} \cdot 100$$

Mengenindex:

$$I_{o.i} = \frac{\Sigma p_i \cdot q_i}{\Sigma p_i \cdot q_o} \cdot 100$$

Beispiel:

Der Abteilungsleiter wählt eine andere Gewichtung für seine 4 Warengattungen; der Paasche-Index wird wie folgt errechnet:

Preisindex:

$$I_{o.2} = \frac{\Sigma p_2 \cdot q_2}{\Sigma p_o \cdot q_2} \cdot 100$$

$$= \frac{2{,}80 \cdot 600 + 15 \cdot 150 + 50 \cdot 22 + 9{,}80 \cdot 730}{2{,}20 \cdot 600 + 14 \cdot 150 + 40 \cdot 22 + 9{,}60 \cdot 730} \cdot 100$$

$$= \frac{12184}{11308} \cdot 100 = \underline{\underline{107{,}75}}$$

Der Preisindex nach Laspeyres zeigt im vorhergehenden Beispiel einen Anstieg von der Periode 0 zur Periode 2 von 107,60, während der Preisindex nach Paasche einen Anstieg von 107,75 aufweist. Dieser Unterschied ist ein Indiz dafür, dass sich die Preis-Mengen-

Struktur der Güter von der Basisperiode zur Berichtsperiode geändert hat. Wäre dies nicht der Fall, so würden beide Preisindizes den gleichen Wert aufweisen.

Mengenindex:

Bei der Berechnung der Mengenänderungen von der Periode 0 bis zur Periode 2 nach Paasche werden die Preise zum gegenwärtigen Zeitpunkt als Gewichte herangezogen:

$$I_{o,2} = \frac{\sum p_2 \cdot q_2}{\sum p_2 \cdot q_o} \cdot 100$$

$$= \frac{12184}{10812} \cdot 100 = \underline{\underline{112{,}69}}$$

Der Mengenindex nach Laspeyres beträgt in diesem Zeitraum 112,54 (vgl. das vorhergehende Beispiel), während der Mengenindex nach Paasche 112,69 beträgt. Auch diese Differenz weist darauf hin, dass eine Änderung in der Preis-Mengen-Struktur eingetreten ist.

Wie dieses Beispiel zeigt, hat der Preis- bzw. Mengenindex nach Paasche den Vorteil, dass er die Situation, die zum gegenwärtigen Zeitpunkt besteht, wiedergibt, er entspricht also der Realität.

Allerdings stehen seiner Anwendung praktische Schwierigkeiten entgegen, denn beim Paasche-Index müssen sowohl der Preis als auch die Menge in der Berichtsperiode ermittelt werden.

Dies hat den Nachteil, dass der Arbeitsaufwand und damit auch die Kosten der Ermittlung höher liegen als beim Laspeyres-Index. Als weiterer Nachteil ergibt sich, dass Indizes nach Paasche keine durchlaufende Reihe sind und damit kein direkter Vergleich aller Indexwerte möglich ist.

Die ständige Neugewichtung führt zwar zu einer höheren Aktualität der repräsentierten Werte, doch sind zum Vergleich der Entwicklung über mehrere Perioden zusätzliche Berechnungen notwendig.

Das Statistische Bundesamt berechnet auf Stichprobenbasis den Preisindex nach Paasche als Kontrollrechnung; er wird jedoch nicht veröffentlicht.

5.3 Der Preisindex für die Lebenshaltung

Das Statistische Bundesamt, wie auch die Statistischen Landesämter, veröffentlichen (meist) monatlich eine ganze Reihe von Indexzahlen, unter anderem: Index der Aktienkurse, der Arbeitsproduktivität, der Einkaufspreise für Auslandsgüter, der Einzelhandelspreise, der Großhandelsverkaufspreise, der industriellen Nettoproduktion und viele andere mehr. Daneben werden noch verschiedene Indizes zu den Arbeitsverdiensten, den Arbeitszeiten, den Baupreisen, der industriellen Bruttoproduktion, den Stundenlöhnen und anderen veröffentlicht.

Unter all den veröffentlichen Indexzahlen kommt dem Preisindex für die Lebenshaltung die größte Bedeutung zu.

Er gilt generell als der **Schlüsselindex für die Beurteilung der Preisentwicklung** und als **Gradmesser für die Veränderung der Kaufkraft des Geldes**. Er ist ein wichtiger Indikator für die Geldwertstabilität und wird deshalb als Maßstab für die Inflation verwendet. An der durch den Preisindex angezeigten Veränderung des Preisniveaus orientieren sich sowohl wirtschaftspolitische als auch währungs- und konjunkturpolitische Maßnahmen. Da das **Stabilitätsgesetz** die Regierung auf die Einhaltung der Preisniveaustabilität verpflichtet hat, gilt der Preisindex der Lebenshaltung als Gradmesser für die Stabilität der Wirtschaft. Daneben wird der Preisindex der Lebenshaltung immer öfter als Maßstab auch in **private Verträge** mit wiederkehrenden Leistungen einbezogen, um so die schleichende Geldentwertung zu berücksichtigen.

Das Statistische Bundesamt berechnet 10 verschiedene **Preisindizes der Lebenshaltung** nach „Früherem Bundesgebiet" und „Neuen Ländern und Berlin-Ost" getrennt mit dem neuen **Basisjahr 1995**, das gleich 100 gesetzt wird.

Die Warenkörbe werden mit Hilfe von **Haushaltsbüchern** ermittelt. Ausgewählte Haushalte führen ein ganzes Jahr diese Bücher und schreiben alle Ausgaben getrennt nach Waren auf; die Einnahmen werden ebenfalls notiert. Die statistischen Ämter werten diese Bücher aus und legen den Warenkorb (= Wägungsschema) fest.

Da die Berechnung nach der **Laspeyre-Methode** erfolgt, bleibt der **Warenkorb** für die folgenden Jahre **konstant**, d. h. er wird nur einmal erhoben. Dies führt zu erheblichen **Kosteneinsparungen**, hat aber zugleich den **Nachteil, dass Änderungen im Verbraucherverhalten nicht** berücksichtigt werden.

Da der allgemeine Preisindex der Lebenshaltung monatlich veröffentlicht wird, müssen die jeweiligen Preise ebenfalls monatlich ermittelt werden. Dies geschieht am 15. eines jeden Monats, d. h. zu diesem Zeitpunkt gehen sogenannte **„Preiserheber"** in vorher festgelegte Geschäfte und notieren die Preise für Waren, die im Warenkorb enthalten sind. Diese Preise werden als Durchschnitt zusammengefasst und für die Berechnung des Preisindex als q_0 genutzt.

Der umfassendste Verbraucherpreisindex ist der Preisindex für die Lebenshaltung aller privaten Haushalte. Er ist ein Durchschnittswert, der die gesamte Bundesrepublik repräsentiert und der sich damit auf alle Haushalte der Bundesrepublik bezieht. Er misst die durchschnittliche Preisveränderung aller Waren und Dienstleistungen, die von privaten Haushalten gekauft bzw. verbraucht werden. Um die unterschiedlichen Verbrauchsgewohnheiten in den „alten“ und „neuen“ Bundesländern zu berücksichtigen wird zusätzlich ein durchschnittlicher Preisindex getrennt nach diesen Gebieten berechnet und veröffentlicht.

1. Verbraucherpreisindizes für Deutschland (insgesamt)
- Preisindex für die Lebenshaltung aller privaten Haushalte
- Preisindex für den Einzelhandel

2. Verbraucherpreisindizes für das frühere Bundesgebiet
- Preisindex für die Lebenshaltung aller privaten Haushalte
- Preisindex für die Lebenshaltung von 4-Personen-Haushalten von Beamten und Angestellten mit höherem Einkommen
- Preisindex für die Lebenshaltung von 4-Personen-Haushalten von Arbeitern und Angestellten mit mittlerem Einkommen
- Preisindex für die Lebenshaltung von 2-Personen-Haushalten von Renten- und Sozialhilfeempfängern mit geringem Einkommen

3. Verbraucherpreisindizes für die neuen Länder und Berlin-Ost
- Preisindex für die Lebenshaltung aller privaten Haushalte
- Preisindex für die Lebenshaltung von 4-Personen-Arbeitnehmerhaushalten mit höherem Einkommen
- Preisindex für die Lebenshaltung von 4-Personen-Arbeitnehmerhaushalten mit mittlerem Einkommen
- Preisindex für die Lebenshaltung von 2-Personen-Rentnerhaushalten

Abb. 17a: Die Verbraucherpreisindizes des Statistischen Bundesamtes

Aussage: Die Preisindizes der Lebenshaltung geben an, was der Warenkorb der Basisperiode in der Beobachtungsperiode kostet.

Eine wichtige Bedeutung des Preisindex der Lebenshaltung aller privaten Haushalte besteht in seiner Funktion als Gradmesser der Geldwertstabilität, denn die Kaufkraft des Geldes ist definiert als:

$$k = \frac{1}{\text{Index}_{\text{Laspeyres}}^{\text{Preis}}}$$

d. h. sie ist der reziproke Wert des Preisindex der Lebenshaltung.

Die Kaufkraft gibt an, was man für eine DM „heute“ kaufen kann.

Das Wort heute bezieht sich auf den Zeitpunkt des Preisindex, den man zur Berechnung benutzt.

Auswahlmerkmale	Früheres Bundesgebiet			Neue Länder und Berlin-Ost		
	Haushaltstyp			Haushaltstyp		
Haushaltsgröße	2 Personen	4 Personen	4 Personen	2 Personen	4 Personen	4 Personen
Personelle Zusammensetzung	Alleinstehendes Ehepaar	Ehepaar mit 2 Kindern, darunter mindestens 1 Kind unter 15 Jahren	Ehepaar mit 2 Kindern, darunter mindestens 1 Kind unter 15 Jahren	Alleinstehendes Ehepaar	Ehepaar mit 2 Kindern, darunter mindestens 1 Kind unter 15 Jahren	Ehepaar mit 2 Kindern, darunter mindestens 1 Kind unter 15 Jahren
Soziale Stellung des Hauptverdieners	Renten- und Sozialhilfeempfänger	Arbeiter und Angestellte	Angestellte und Beamte	Renten- und Sozialhilfeempfänger	Arbeiter und Angestellte	Angestellte und Beamte
Einkommensniveau	geringes Einkommen	mittleres Einkommen	höheres Einkommen	geringes Einkommen	mittleres Einkommen	höheres Einkommen
Einkommensbezieher	eine oder beide Personen	1 Alleinverdiener, geringes, unregelmäßiges Einkommen des anderen Ehepartners ist zulässig	1 Hauptverdiener, Ehepartner darf mitverdienen	eine oder beide Personen	Bezugsperson bezieht Einkommen aus Berufstätigkeit. Der Ehepartner kann regelmäßiges Einkommen aus Berufstätigkeit oder laufenden Übertragungen erzielen	
Einkommensgrenzen für	die laufenden Bruttoeinkommensübertragungen von Staat und Arbeitgeber	das Bruttoeinkommen aus hauptberuflicher nichtselbständiger Arbeit der Bezugsperson	das Bruttoeinkommen aus hauptberuflicher nichtselbständiger Arbeit der Bezugsperson	die laufenden Bruttoeinkommensübertragungen von Staat und Arbeitgeber	das Bruttoeinkommen aus hauptberuflicher nichtselbständiger Arbeit der Bezugsperson	das Bruttoeinkommen aus hauptberuflicher nichtselbständiger Arbeit der Bezugsperson
Haushaltsbruttoeinkommen	darf individuell höchstens um 40 % über dem vorgenannten Haupteinkommen liegen			darf individuell um 40 % über dem vorgenannten Haupteinkommen liegen		

Abb. 17b: Abgrenzung der speziellen Haushaltstypen

Zusammenfassung:

Indexzahlen

- → Einfache Messzahlen (ohne Gewichtung)
- → Gewogene Messzahlen

Index nach Laspeyres

Für den Preisindex gilt:

- Gewichtung aus dem Basisjahr
  $g = p_0 \cdot p_0$
- Vorteil: Der Warenkorb wird nur im Basisjahr ermittelt

  Nachteil: Die veränderten Konsumgewohnheiten werden NICHT berücksichtigt
- Anwendung im Preisindex der Lebenshaltung

Index nach Paasche

- Gewichtung aus dem Beobachtungsjahr
  $g = p_0 \cdot p_1$
- Vorteil: Die veränderten Konsumgewohnheiten werden berücksichtigt

  Nachteil: Der Warenkorb muss jedesmal neu ermittelt werden

Fragen:

1. Wie bildet man Verhältniszahlen?
2. Was sagt eine Gliederungszahl/Beziehungszahl/Messzahl aus?
3. Welche Bedeutung haben Indexzahlen in der Volkswirtschaft?
4. Wer berechnet und veröffentlicht die volkswirtschaftlichen Indexzahlen?
5. Was ist der Preisindex der Lebenshaltung?
6. Welche Gewichtung wird beim Preisindex der Lebenshaltung benutzt?

Aufgaben :

1. Ein Unternehmen hat in drei aufeinanderfolgenden Jahren (1, 2 und 3) die Güter A, B und C bezogen. Die Tabelle gibt die Mengen und Einkaufspreise an.

Gut	Menge in Stück			Preis in DM/Stück		
	1. Jahr	2. Jahr	3. Jahr	1. Jahr	2. Jahr	3. Jahr
A	6	8	4	2	3	4
B	12	10	10	6	8	10
C	6	7	9	5	6	5

a) Berechnen Sie für die genannten Jahre einen Preisindex nach Laspeyres zur Basis Jahr 2!

b) Welche Vorteile und welche Nachteile sind beim Preisindex nach Laspeyres im Gegensatz zum Preisindex nach Paasche zu nennen?

2. Für den Verbrauch einer Familie seien folgende Preisindexzahlen gegeben:

Zeitpunkt	Preisindex nach	
	Laspeyres	Paasche
Jahr 1	100	100
Jahr 2	104	100

Wie lässt sich der unterschiedliche Verlauf der Indizes erklären?

3. Ein Unternehmen hat vor einem Jahr eine neue Fertigungsstraße für ein Produkt eröffnet. Für die Produktion werden drei unterschiedliche Materialien benötigt. Die Geschäftsführung gibt Ihnen den Auftrag, einen Einkaufsindex als Preis- und Mengenindex zur Basis des Jahres 1 (Jahr der Neueröffnung) zu berechnen und die Unterschiede begründet darzustellen.

	Jahr 1		Jahr 2	
	Preis DM p_0	Menge t q_0	Preis DM p_1	Menge t q_1
Material 1	2,00	20	3,00	20
Material 2	5,00	20	5,00	30
Material 3	8,00	10	10,00	7

a) Berechnen Sie Preis- und Mengenindex nach Laspeyres zur Basis des Jahres 1
b) Wie groß war die Ausgabensteigerung?
c) Geben Sie Ausgabensteigerung preisbereinigt an und erklären Sie den Begriff „Preisbereinigung“!

6 Zeitreihenanalyse

Lernziel:

> Sie sollen Kenntnis von den wirtschaftlichen Einflusskomponenten auf eine Zeitreihe bekommen; Sie sollen Zeitreihen interpretieren, den Trend und einen Prognosewert bestimmen können.

Unter einer Zeitreihe versteht man die Entwicklung eines Merkmals (z. B. Umsatz über verschiedene Jahre betrachtet), dessen Werte im Zeitablauf zu bestimmten Zeitpunkten oder für bestimmte Zeiträume erfasst und dargestellt werden.

6.1 Die Komponenten einer Zeitreihe

Jede Zeitreihe ist das Ergebnis des Zusammenwirkens mehrerer Einflussgrößen. Diese wirtschaftlichen Einflussgrößen unterteilt man wie folgt:

- **Der Trend**

  Die **Grundrichtung einer Zeitreihe** wird durch den Trend (T) charakterisiert, der die langfristige Entwicklungsrichtung der Reihe angibt. Dies kann sowohl ein Wachstums- als auch ein Schrumpfungsprozess sein. Beispielsweise: Langfristige Änderung der Betriebsgröße; Änderung der Investitionen infolge zunehmender Automation; der Wachstumstrend des Sozialprodukts.

- **Die zyklische Komponente**

  Die mittelfristigen Einflüsse, die auf eine Zeitreihe wirken und insbesondere durch konjunkturelle **Schwankungen** hervorgerufen werden, sind die zyklische Komponente (Z), d. h. der Konjunkturzyklus.

- **Die Saisonkomponente**

  Besteht eine Zeitreihe nicht nur aus Jahreswerten, sondern auch aus **kurzfristigen Daten** wie Halbjahreswerten, Vierteljahreswerten oder Monatswerten, so spricht man von der Saisonkomponente (S), die alle innerhalb eines Jahres auftretenden, durch jahreszeitliche Änderungen bedingten Einflüsse wiedergibt. Ihre Ursachen beruhen vorwiegend auf Klima, Witterung, Volksgebräuchen, Festtagen, Sonderverkaufsbedingungen wie Winter- und Sommerschlussverkauf und Produktionsbedingungen.

– **Die Restkomponente**

In der Restkomponente (R) werden alle **einmaligen Einflüsse** zusammengefasst. Man unterscheidet erklärbare (Brüche) und nicht erklärbare (Zufälle) einmalige Einflüsse.

Entsprechend dieser Einteilung können die Werte einer Zeitreihe als Funktion der lang-, mittel- und kurzfristigen bzw. einmaligen Einflussgröße zusammengefasst werden:

Y = f (T, Z, S, R)

wobei T, Z, S, R von der Zeit (t) abhängen.

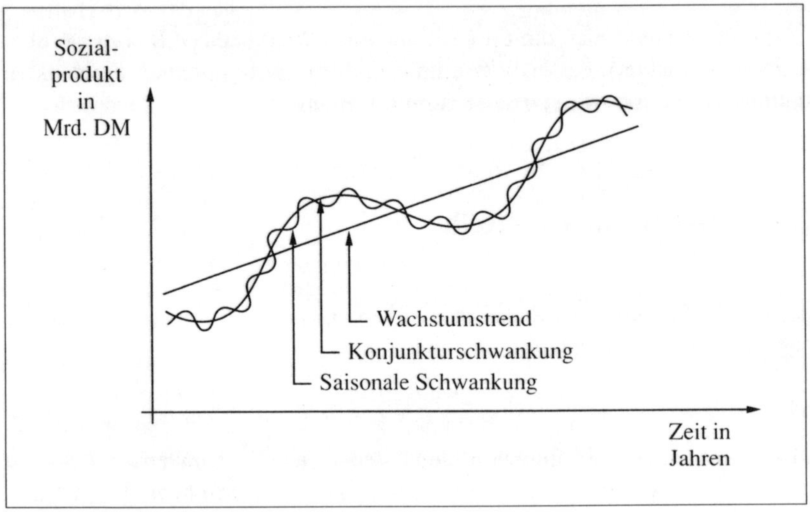

Abb. 18: Beispiel für eine Zeitreihe

Zusammenfassung:

Arten von Wirtschaftsschwankungen		
Trend	Saisonale Schwankungen	Konjunkturschwankungen
– langfristiges Wachstum	kurzfristige Schwankungen, deren Ursache im Wechsel der Jahreszeiten liegt	rhythmisch wiederkehrende Veränderungen des Wirtschaftsablaufes über Jahre
– zeigt die Entwicklung über Jahrzehnte	– betreffen nur Teilbereiche der Wirtschaft (z. B. Urlaubsbranche, Tourismus)	– betreffen das gesamte Wirtschaftsleben (z. B. Produktion, Absatz, Beschäftigung, Finanzierung, Zinsen etc.)
– volkswirtschaftliche Arbeitsproduktivität und Beschäftigung bestimmen die Richtung des Trends	– jahreszeitliche Schwankungen der Beschäftigung im Hotelsektor – saisonale Schwankungen ranken sich entlang der Konjunkturschwankungen	– konjunkturelle Schwankungen ranken sich entlang des Wachstumstrends

6.2 Grundlagen der Trendberechnung

Die allgemeine Grundlinie der Entwicklung einer Zeitreihe wird durch den Trend wiedergegeben. Sie kann jedoch nur dann exakt festgestellt werden, wenn eine genügend große Anzahl von Reihenwerten vorliegt.

6.2.1 Die Freihandmethode

Das einfachste, aber auch das unexakteste Verfahren, um den Trend näher bestimmen zu können, ist das Freihandverfahren, auch optischer Trend genannt. Dabei wird eine Trendgerade dergestalt durch die Zeitreihe gelegt, dass nach dem Augenmaß der Abstand der variablen Werte oberhalb der Trendgeraden gleich dem Abstand der variablen Werte unterhalb der Trendgeraden ist. Am folgenden Beispiel soll diese Methode, aber auch die weiteren Methoden, gezeigt werden.

Beispiel:

Der Umsatz der Kleinmöbel-Abteilung des Warenhauses „Kaufgut" entwickelte sich in den letzten Jahren wie folgt:

Jahr (t)	Umsatz in Mio.DM (T = y)
1	4,8
2	5,2
3	5,6
4	4,9
5	6,2
6	5,6
7	5,8
8	6,4
9	5,9

Es ist der Trend nach der Freihandmethode zu bestimmen!

Das folgende Bild zeigt die Zeitreihe und den nach der Freihandmethode eingezeichneten Trend.

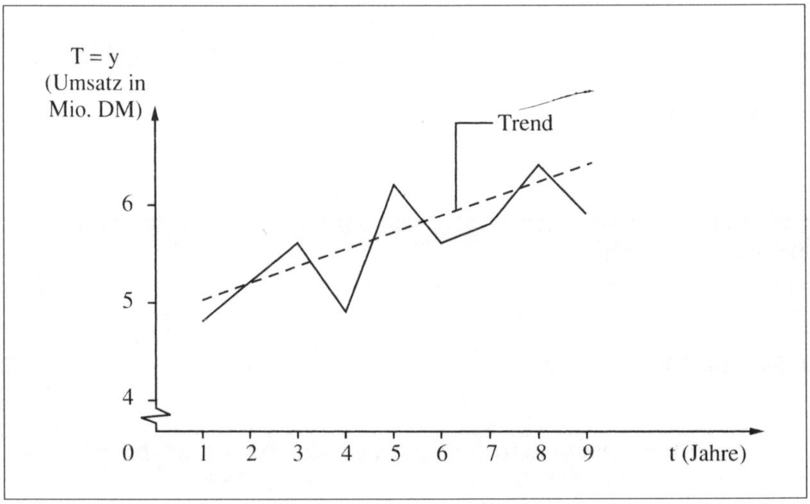

Abb. 19: Zeitreihe mit Freihandtrend

6.2.2 Methode der beiden Reihenhälften

Die Methode der beiden **Reihenhälften** führt immer zum geradlinigen Trend. Sie hat nur dort einen Sinn, wo schon anhand der Beurteilung der grafischen Darstellung einer Zeitreihe ein solcher **gradliniger Trend denkbar** erscheint.

Beispiel:

An dem bereits zum Freihandtrend benutzten Beispiel sei die Methode der beiden Reihenhälften gezeigt.

Jahr:	1	2	3	4	5	6	7	8	9
Umsatz in Mio. DM:	4,8	5,2	5,6	4,9	6,2	5,6	5,8	6,4	5,9

untere Hälfte ← (Jahre 1–5)

→ obere Hälfte (Jahre 5–9)

Arithmetisches Mittel:

$$\frac{4{,}8 + 5{,}2 + 5{,}6 + 4{,}9 + 6{,}2}{5} = \frac{26{,}7}{5} = \underline{\underline{5{,}34}}$$

$$\frac{6{,}2 + 5{,}6 + 5{,}8 + 6{,}4 + 5{,}9}{5} = \frac{29{,}9}{5} = \underline{\underline{5{,}98}}$$

Die berechneten Mittelwerte gehören zum Zeitpunkt 3 (untere Hälfte) und zum Zeitpunkt 7 (obere Hälfte) und sind nach dem Einzeichnen miteinander zu verbinden.

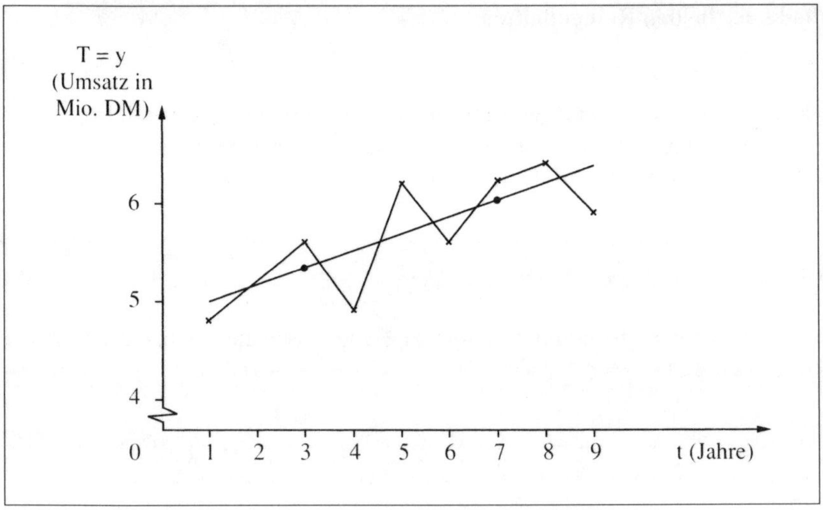

Abb. 20: Zeitreihe mit Trend nach Unter- und Oberdurchschnitten

6.2.3 Methode der gleitenden Durchschnitte

Bei dieser **Methode werden jeweils aus mehreren Werten der Zeitreihe fortlaufende und sich überlappende arithmetische Mittelwerte gebildet**. Man erhält die Trendlinie, indem man jeden Durchschnittswert dem zeitlichen Mittelpunkt der Werte zuordnet, aus denen er berechnet wurde.

Besonders geeignet ist die Methode beim Auftreten regelmäßiger Schwankungen mit gleicher Periodenlänge, wie z. B. bei Saisonschwankungen, wobei die Durchschnittswerte dann jeweils aus so viel Werten gebildet werden, wie eine Periode umfasst.

Die Berechnung der Werte erfolgt nach folgender Formel:

$$T_1 = \frac{y_1 + y_2 + y_3 + \ldots + y_n}{n}$$

Hierbei bedeutet:

y = Werte der Zeitreihe

n = Zeitpunkte der Schwankungsperiode
(in unserem Beispiel ist n = 5; in der Praxis nimmt man meist n = 3).

$$T_2 = \frac{y_2 + y_3 + y_4 + \ldots + y_n + y_{n+1}}{n}$$

$$T_3 = \frac{y_3 + y_4 + y_5 + \ldots + y_n + y_{n+1} + y_{n+2}}{n}$$

.

.

.

usw.

Beispiel:

Für die Umsätze der Kleinmöbel-Abteilung des Warenhauses „Kaufgut" sind die Trendwerte mit Hilfe gleitender Durchschnitte zu bestimmen!

Auf Grund der Darstellung der Zeitreihe ist zu erkennen, dass die zyklischen Schwankungen einen Zeitraum von etwa 5 Jahren haben, sodass ein gleitender 5er-Durchschnitt zu bilden ist.

$$T_1 = \frac{4{,}8 + 5{,}2 + 5{,}6 + 4{,}9 + 6{,}2}{5} = \frac{26{,}7}{5} = 5{,}34$$

$$T_2 = \frac{5{,}2 + 5{,}6 + 4{,}9 + 6{,}2 + 5{,}6}{5} = \frac{27{,}5}{5} = 5{,}50$$

$$T_3 = \frac{5{,}6 + 4{,}9 + 6{,}2 + 5{,}6 + 5{,}8}{5} = \frac{28{,}1}{5} = 5{,}62$$

$$T_4 = \frac{4{,}9 + 6{,}2 + 5{,}6 + 5{,}8 + 6{,}4}{5} = \frac{28{,}9}{5} = 5{,}78$$

$$T_5 = \frac{6{,}2 + 5{,}6 + 5{,}8 + 6{,}4 + 5{,}9}{5} = \frac{29{,}9}{5} = 5{,}98$$

Umsatzentwicklung mit Trend

Jahr	Umsatz in Mio. DM	Trendwert als gleitender Durchschnitt
1	4,8	–
2	5,2	–
3	5,6	5,34
4	4,9	5,50
5	6,2	5,62
6	5,6	5,78
7	5,8	5,98
8	6,4	–
9	5,9	–

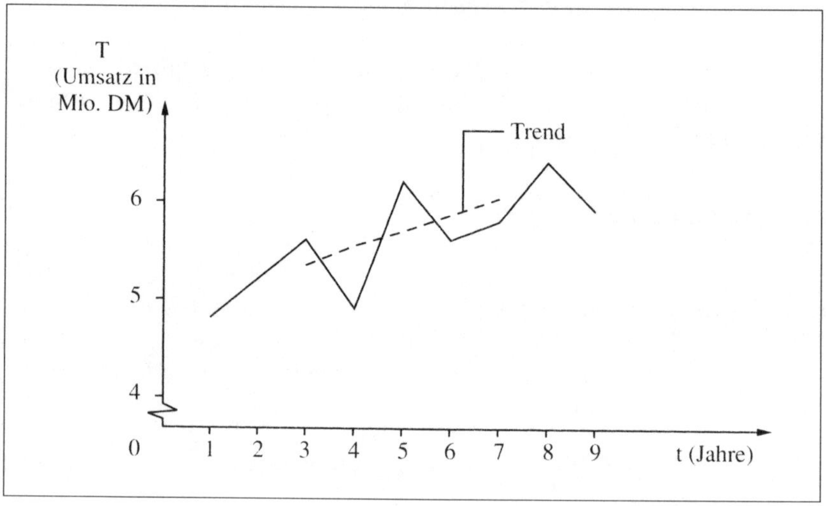

Abb. 21: Jahrestrend nach der Methode gleitender Durchschnitte

Das Problem dieses Verfahrens besteht in der Anzahl der Werte, aus denen der Durchschnitt zu berechnen ist. Wie aus dem Beispiel ersichtlich ist, liegt sein größter Nachteil im Verlust der ersten und letzten Glieder der Zeitreihe, wie er durch die Durchschnittsbildung notwendigerweise entsteht.

6.2.4 Die Ermittlung der linearen Trendfunktion

Die Trendberechnung hat zum Ziel, eine Kurve zu finden, die sich dem Verlauf einer empirischen Zeitreihe optimal anpasst.

Das Kriterium für die Anpassung der Trendfunktion an die empirische Reihe liegt in der Summe der Abstände zwischen der Trendfunktion und den Ursprungswerten der Zeitreihe. Diese Methode bezeichnet man als die Methode der kleinsten Quadrate, da diese Abstände ins Quadrat erhoben werden, damit sich positive und negative Abweichungen nicht aufheben.

Bei der Berechnung der linearen Trendfunktion gehen wir grundsätzlich von folgender Funktionsgestalt aus:

$T_i = a + b \cdot x_i$

wobei:

a = absolutes Glied (Schnittpunkt der Trendfunktion mit der y-Achse)

b = Steigung der Trendfunktion

x = unabhängige Variable, die in der Zeitreihenanalyse der Zeit t zu bestimmten Zeitpunkten entspricht.

Nach der Methode der kleinsten Quadrate und unter Anwendung der Differentialrechnung erhalten wir die folgenden beiden Gleichungen zur Bestimmung einer linearen Trendfunktion:

I. $n \cdot a + b \cdot \sum x_i = \sum y_i$

II. $a \cdot \sum x_i + b \cdot \sum x_i^2 = \sum x_i \cdot y_i$

Mit diesen beiden Gleichungen können die beiden unbekannten Parameter a und b berechnet werden.

Der Berechnungsgrundsatz soll an dem gleichen Beispiel wie bisher gezeigt werden.

Beispiel:

Für die Umsatzentwicklung der Kleinmöbel-Abteilung des Warenhauses „Kaufgut" soll die Trendfunktion berechnet werden:

Umsatzentwicklung

Jahr	Umsatz in Mio. DM
1	4,8
2	5,2
3	5,6
4	4,9
5	6,2
6	5,6
7	5,8
8	6,4
9	5,9

Die beiden Normalgleichungen lauten:

I. $na + b\Sigma x_i = \Sigma y_i$

II. $a\Sigma x_i + b\Sigma x_i^2 = \Sigma x_i y_i$

Da in den beiden Normalgleichungen summierte Werte eingesetzt werden müssen, empfiehlt es sich, eine **Arbeitstabelle** zu erstellen, aus der die Summen zu entnehmen sind: das Jahr 5 liegt in der Mitte der Jahre, sodass zur Rechenerleichterung der Ursprung auf diesen Wert gelegt wird.

Arbeitstabelle zur Berechnung der linearen Trendfunktion

Jahr t = x	x_i	Umsatz y_i	x_i^2	$x_i y_i$
1	−4	4,8	16	−19,2
2	−3	5,2	9	−15,6
3	−2	5,6	4	−11,2
4	−1	4,9	1	−4,9
5	0	6,2	0	0
6	+1	5,6	1	+5,6
7	+2	5,8	4	+11,6
8	+3	6,4	9	+19,2
9	+4	5,9	16	+23,6
n = 9	$\Sigma x_i = 0$	$\Sigma y_i = 50,4$	$\Sigma x_i^2 = 60$	$\Sigma x_i y_i = 9,1$

Die errechneten Werte werden in die Normalgleichungen eingesetzt, wobei n = 9 (= Anzahl der Jahre):

$$\text{I. } 9 \cdot a + b \cdot 0 = 50{,}4$$

$$a = \frac{50{,}4}{9} = 5{,}6$$

$$\text{II. } a \cdot 0 + b \cdot 60 = 9{,}1$$

$$b = \frac{9{,}1}{60} = 0{,}15$$

Die Trendfunktion lautet in transformierter Form:

(1) $T_i = a + b \cdot x_i = 5{,}6 + 0{,}15\, x_i$

Durch die Verlegung des **Ursprungs auf die Mitte der Zeitreihe** (im Beispiel das Jahr 5) ergeben sich erhebliche **Rechenerleichterungen**. Soll jedoch die Trendfunktion in die Zeitreihe eingezeichnet werden, so ist der Ursprung zu transformieren.

Beispiel:

An die Stelle der x_i-Werte müssen in dem obigen Beispiel die Werte $(x_i - 5)$ treten, da das Jahr 5 in obiger Berechnung den Nullpunkt darstellt.

(2) $T_i = 5{,}6 + 0{,}15\,(x_i - 5)$
$T_i = 5{,}6 + 0{,}15x_i - 0{,}75$
$T_i = 4{,}85 + 0{,}15x_i$

Die Trendfunktion, deren Nullpunkt auf der y-Achse liegt, hat obige Funktion; es ist zu erkennen, dass sich die Steigerung der Trendfunktion von 0,15 nicht geändert hat, lediglich das absolute Glied ist geringer geworden.

Die Trendfunktion lässt sich mithilfe der Steigung und des y-Achsenabschnitts oder durch Berechnung zweier Punkte in die Zeitreihe einzeichnen.

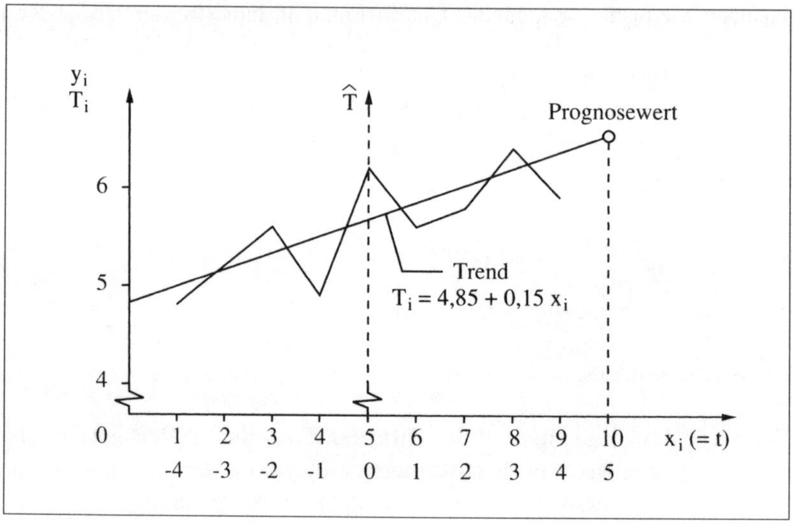

Abb. 22: Lineare Trendfunktion

6.2.5 Die Trendprognose

Der Vorteil einer Trendfunktion liegt in ihrer **Anwendbarkeit für die Prognoserechnung**. In der linearen Trendfunktion hängt der Trendwert T_i lediglich von x_i, dem Zeitpunkt, ab. Wie aus der Berechnung des Beispiels hervorgeht, sind die Zeitpunkte Werte, die aus dem Durchnummerieren der Jahre entstehen. Ein weiteres Jahr, das angefügt wird, geht in die Berechnung ein.

Beispiel:

Soll der Trendwert für das Jahr 10 prognostiziert werden, so ist lediglich x_i durch den zugehörigen Zeitpunkt der jeweiligen Trendfunktion zu ersetzen; es ergibt sich eingesetzt in (1):

$$T_{10} = 4{,}88 + 0{,}15 \cdot 10 = \underline{\underline{6{,}35}}$$

oder eingesetzt in (2):

$$T_5 = 5{,}6 + 0{,}15 \cdot 5 = \underline{\underline{6{,}35}}$$

Der erwartete Trendwert zum Zeitpunkt 10 beträgt 6,35, d. h., wenn die ökonomischen Bedingungen gleich bleiben und die Komponenten der Zeitreihe dieselbe Wirkung auf die

Entwicklung ausüben wie bisher, so kann das Unternehmen im Jahr 10 einen Umsatz von 6,35 Mio. DM erwarten.

Eine solche Prognose ist mit Vorsicht auf die wirtschaftlichen Gegebenheiten zu übertragen, da der Prognosewert einen Wert der Trendfunktion darstellt.

Zusammenfassung:

Trendberechnung

- Freihandmethode/Optischer Trend
  geeignet für: linearen und kurvenförmigen Trendverlauf
- Unter- und Oberdurchschnitte
  geeignet für: NUR linearen Trendverlauf
- Gleitende Durchschnitte
  geeignet für: linearen und kurvenförmigen Trendverlauf
  glättet die zyklischen Schwankungen
- Lineare Trendfunktion
  geeignet für: $T = a + b \cdot x$

Berechnungsschritte:

1. Lege die Mitte der Zeitreihe fest und gebe ihr den Zeit-Wert = 0.
2. Gehe in EINER-Schritten (bei einer geraden Anzahl von Zeit-Werten in 0,5; 1,5; 2,5 usw.-Schritten) nach vorwärts = positiv und rückwärts = negativ; damit wird $\Sigma x = 0$.
3. Lege eine Arbeitstabelle zur Berechnung der Σ-Werte für die beiden Normalgleichungen an.
4. Berechne die Σ und setze in die Formeln ein.
5. Berechne die Trendfunktion.
6. Berechne die Prognosewerte durch Einsetzen der Prognose-Zeitpunkte für x.

Fragen:

1. Was ist eine statistische Zeitreihe?
2. Weshalb führt man Zeitreihenuntersuchungen durch?
3. Welche Komponenten beeinflussen den Verlauf einer wirtschaftlichen Zeitreihe?
4. Weshalb hat die Trendbestimmung in der Zeitreihenanalyse eine wichtige Bedeutung?
5. Wann benutzt man die Methode der gleitenden Mittelwerte und wann die Methode der Berechnung der linearen Trendfunktion?

Aufgabe:

Für die Herstellung eines neuen Produkts ist ein Halberzeugnis notwendig. Der Einkäufer des Halberzeugnisses hat die Verbrauchsmengen der letzten Perioden exakt notiert und möchte auf der Basis dieser Werte die Einkaufsmengen für die nächst folgenden Perioden schätzen. Er hat folgende Werte notiert:

Perioden	Verbrauchsmengen
1	13,1
2	15,0
3	14,5
4	15,2
5	15,6
6	16,1
7	15,5

1. Der Einkäufer zeichnet die Einkaufsmengen in ein Diagramm ein und zeichnet den Freihandtrend!
2. Er verbessert diesen Trend durch die Ober- und Unterdurchschnitte!
3. Er glättet die Zeitreihe durch gleitende 3er-Durchschnitte!
4. Er berechnet die lineare Trendfunktion!
5. Er prognostiziert die Verbrauchsmengen mithilfe der linearen Trendfunktion für die Perioden 8, 9 und 10!
6. Welche Bedenken hat er gegen diese Prognosewerte?

7 Statistik als Entscheidungshilfe

Lernziel:

In diesem Kapitel sollen Sie anhand von Beispielen kennenlernen, wie die Statistik im Betrieb als Entscheidungshilfe genutzt werden kann.

7.1 Häufigkeitsanalyse

Das „Kaufgut"-Warenhaus will durch eine Befragung seiner Kunden, also durch Primärforschung, die Entfernung zwischen der Wohnung seiner Kunden und dem Sitz des Warenhauses ermitteln. Es erhofft sich dadurch wertvolle Erkenntnisse für die Standortwahl einer neuen Filiale, die in einem Nachbarort 32 km entfernt errichtet werden soll.

Die Auswertung der Befragung von 200 Kunden führt zu folgender **Häufigkeitstabelle**:

Entfernung	Anzahl der Kunden
unter 5 km	10
5 bis unter 10 km	25
10 bis unter 15 km	45
15 bis unter 20 km	40
20 bis unter 25 km	30
25 bis unter 30 km	20
30 bis unter 35 km	20
35 bis unter 40 km	10
Summe	200

Um sich die Tendenz der Verteilung besser vorstellen zu können, zeichnet der Assistent des Warenhausleiters ein **Histogramm**.

Weiterhin stellt sich der Händler die Frage, wie viele Kunden näher als 20 km entfernt von seinem Firmensitz wohnen und wie viele weiter als 30 km entfernt sind. Er zeichnet die auf- und absteigende **Summenkurve** zur Beantwortung dieser Frage.

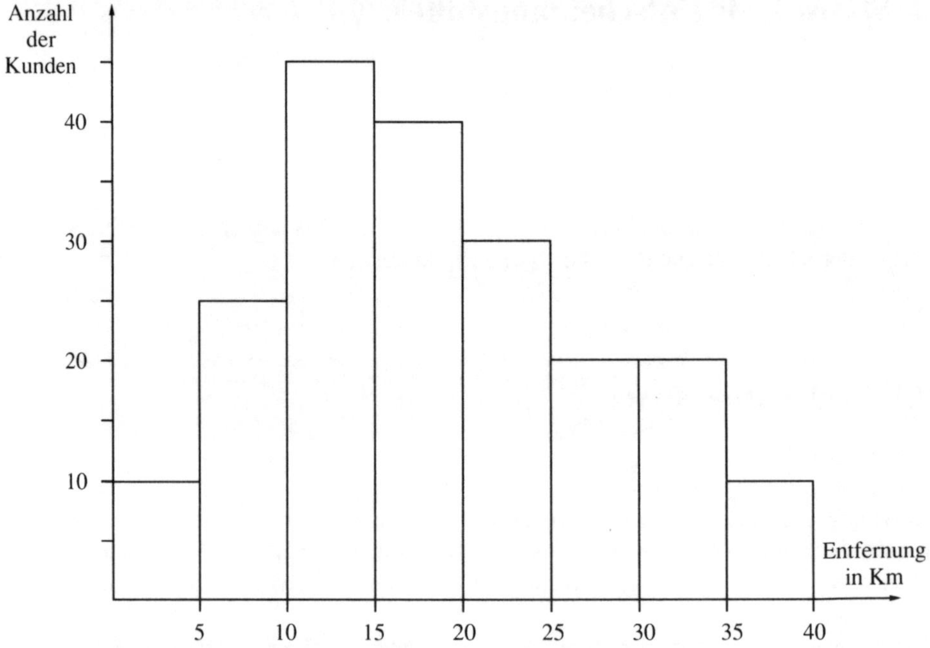

Abb. 23: Histogramm der Entfernung zwischen Wohnort und Einkaufsstätte

Es sind offensichtlich nur wenige Kunden bereit (15 %), mehr als 30 km Wegstrecke in Kauf zu nehmen.

Zur Ermittlung der durchschnittlichen Entfernung berechnet er das **arithmetische Mittel**.

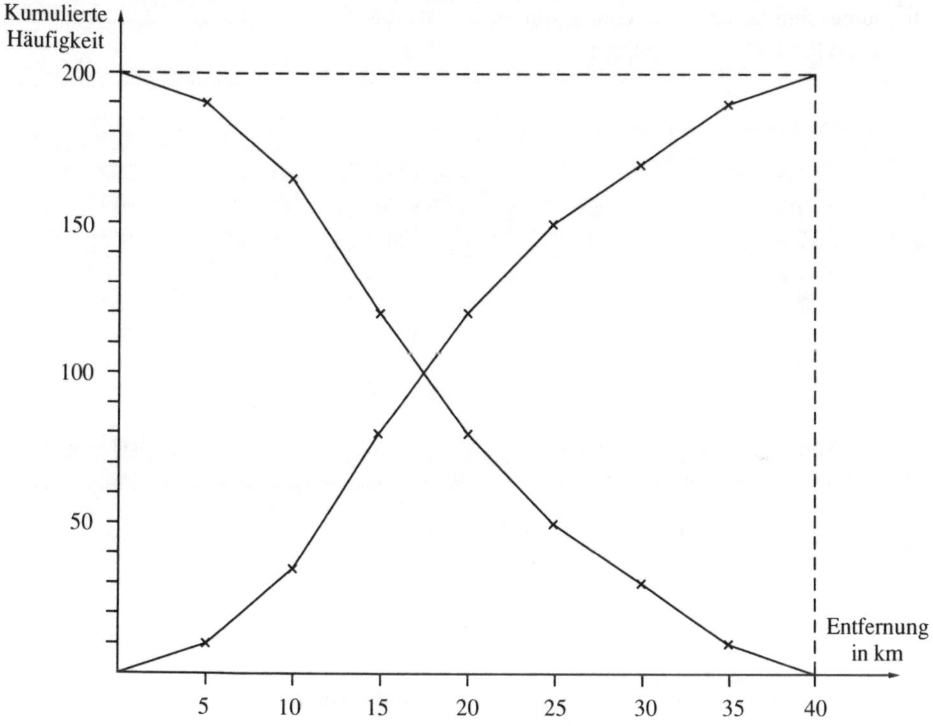

Abb. 24: Auf- und absteigende Summenkurve

Entfernung	Klassenmitte	Anzahl der Kunden	$x_i \cdot f_i$
unter 5 km	2,5	10	25
5 bis unter 10 km	7,5	25	187,5
10 bis unter 15 km	12,5	45	562,5
15 bis unter 20 km	17,5	40	700
20 bis unter 25 km	22,5	30	675
25 bis unter 30 km	27,5	20	550
30 bis unter 35 km	32,5	20	650
35 bis unter 40 km	37,5	10	375
Summe	–	200	3725

Das arithmetische Mittel beträgt:

$$\bar{x} = \frac{3725}{200} = \underline{\underline{18{,}625}}$$

Durchschnittlich wohnen die Kunden 18,625 km entfernt von dem Warenhaus.

Die durchschnittliche Abweichung von diesem arithmetischen Mittel lässt sich durch die **Standardabweichung** berechnen.

Klassenmitte	f_i	$x_i-\bar{x}$	$(x_i-\bar{x})^2$	$(x_i-\bar{x})^2 \cdot f_i$
2,5	10	– 16,125	260,0156	2600,1563
7,5	25	– 11,125	123,7656	3094,1406
12,5	45	– 6,125	37,5156	1688,2031
17,5	40	– 1,125	1,2656	50,6250
22,5	30	3,875	15,0156	450,4688
27,5	20	8,875	78,7656	1575,3125
32,5	20	13,875	192,5156	3850,3125
37,5	10	18,875	356,2656	3562,6563
Summe	200	–	–	16871,8751

$$\sigma^2 = \frac{16871{,}8751}{200} = \underline{\underline{84{,}3594}}$$

$$\sigma = \underline{\underline{9{,}1847}}\ \text{km}$$

Die Entfernung zwischen Wohnung der Kunden und Firmensitz weicht durchschnittlich um 9,18 km vom arithmetischen Mittel ab.

Der **Variationskoeffizient** ist ein relatives Maß für die Streuung, der von der Dimension der Beobachtungswerte unabhängig ist.

$$v = \frac{9{,}1847}{18{,}625} \cdot 100 = \underline{\underline{49{,}31}}\ \%$$

Die durchschnittliche Abweichung vom arithmetischen Mittel beträgt 49,31 % und ist damit sehr groß.

Es lässt sich feststellen, dass die Kunden durchschnittlich 18,6 km vom Warenhaus entfernt wohnen und die durchschnittliche Abweichung von diesem Mittelwert groß ist. Nach der Summenkurve wohnen allerdings nur 15 % der Kunden in mehr als 30 km Entfernung. Falls eine Filiale im Nachbarort 32 km vom jetzigen Warenhaus aufgebaut wird, werden vermutlich nur wenige Kunden vom bestehenden Haus abgezogen (Substitutionseffekt). Dagegen ist zu vermuten, dass das neue Warenhaus eine Reihe neuer Kunden gewinnen wird. Mithilfe sekundärstatistischer Analyse müsste herausgefunden werden, wie groß die Zahl der potentiellen Kunden im neuen Einzugsbereich ist.

7.2 Kennzahlenanalyse

Die Kennzahlenanalyse kann in fast allen betrieblichen Bereichen, wie Personalverwaltung, Verkauf, Produktion, Finanzverwaltung etc. angewandt werden.

7.2.1 Produktionsstatistik

Beispiel:

Aus zwei Vergleichsjahren sind für den Betrieb der Elektro-Zentrale des „Kaufgut"-Warenhauses folgende Zahlen bekannt:

Betriebliche Daten

	1. Jahr	2. Jahr
Mögliche Maschinenstunden	8 400	8 400
Tatsächliche Maschinenstunden	8 400	7 600
Produktion	12 610	11 980

a) Berechnen Sie den Beschäftigungsgrad der E-Zentrale!

$$\text{Beschäftigungsgrad} = \frac{\text{tatsächl. Maschinenstunden}}{\text{mögliche Maschinenstunden}} \cdot 100$$

1. Jahr:

$$\text{Beschäftigungsgrad} = \frac{8\,400}{8\,400} \cdot 100 = \underline{\underline{100\ \%}}$$

2. Jahr:

$$\text{Beschäftigungsgrad} = \frac{7\,600}{8\,400} \cdot 100 = \underline{\underline{90\ \%}}$$

b) Berechnen Sie die Leistungsergiebigkeit der E-Zentrale!

$$\text{Leistungsergiebigkeit je Jahr} = \frac{\text{Produktion}}{\text{tatsächl. Maschinenstunden}}$$

1. Jahr:

$$\text{Leistungsergiebigkeit} = \frac{12\,610}{8\,400} = \underline{\underline{1{,}51}}$$

2. Jahr:

$$\text{Leistungsergiebigkeit} = \frac{11\,980}{7\,600} = \underline{\underline{1{,}58}}$$

c) Interpretieren Sie die Ergebnisse!

Im Vergleich ist zwar im 2. Jahr der Beschäftigungsgrad gefallen, doch stieg die Leistungsergiebigkeit an.

7.2.2 Bilanzanalyse

Die vereinfachte Bilanz der Planspiel AG zum 31.12. ist bekannt. Die Situation, in der sich das Unternehmen befindet, soll mithilfe von Kennzahlen analysiert werden.

Bilanz der Tochtergesellschaft Planspiel AG des Warenhauses „Kaufgut" am 31.12.19..

Aktiva			Passiva
Anlagevermögen	8.492.500	Eigenkapital	3.638.430
Rohstoffe	1.687.615	Verbindlichkeiten	6.553.115
Fertige Erzeugnisse	11.430		
Forderungen	–		
Kasse/Bank	–		
	10.191.545		10.191.545

Aus der Gewinn- und Verlustrechnung sind folgende Daten bekannt:

- Die Umsatzerlöse (Ertrag) betrugen 2 861 888 DM.
- Die Abschreibungen betrugen 207 500 DM.
- Die Zinsen betrugen 243 241 DM.
- Das Betriebsergebnis (Gewinn nach Steuern) betrug –14 570 DM.

Die Ertragskraft der Planspiel AG ist zu beurteilen:

$$\text{Eigenkapitalrentabilität} = \frac{\text{Gewinne (Periodenüberschuss)}}{\text{Durchschnittlich eingesetztes Eigenkapital}} \cdot 100$$

$$= \frac{-14\,570}{3\,638\,430} \cdot 100 = \underline{\underline{-0{,}40\ \%}}$$

Die Eigenkapitalrentabilität ist die wichtigste Kennzahl zur Beurteilung der Ertragskraft eines Unternehmens. An dieser **Kennzahl** kann man erkennen, ob sich der **Kapitaleinsatz in einem Unternehmen gelohnt** hat. Bei Personengesellschaften und Einzelunternehmen zeigt sich, ob sich neben dem Kapital auch der Arbeitseinsatz gelohnt hat.

In unserem Beispiel wird deutlich, dass die Eigenkapitalrentabilität negativ ist und damit kein lohnender Kapitaleinsatz zu verzeichnen ist.

Für eine endgültige Beurteilung sollte man jedoch diese Kennzahl mit den Gesamtkennzahlen der jeweiligen Wirtschaftsbranche vergleichen. Auch ein Vergleich zwischen Unternehmen gleicher Rechtsform oder mit der Rendite anderer Anlagemöglichkeiten sollte gezogen werden.

Wir ziehen einen weiteren Vergleich, um eine Aussage über unser Unternehmen machen zu können.

$$\text{Gesamtkapitalrentabilität} = \frac{\text{Periodenüberschuss} + \text{Fremdkapitalzinsen}}{\text{Durchschnittlich eingesetztes Gesamtkapital}} \cdot 100$$

$$= \frac{-14\,570 + 243\,241}{10\,191\,545} \cdot 100 = \underline{\underline{2{,}24\ \%}}$$

Diese Kennzahl wird herangezogen, wenn darüber zu entscheiden ist, ob zusätzliches Kapital als Eigen- oder als Fremdkapital aufgenommen werden soll.

Das bei uns eingesetzte Gesamtkapital verzinst sich also mit 2,24 % pro Periode. Wenn es uns gelingt, Fremdkapital zu erhalten, dessen Zinssatz unter der Gesamtkapitalrentabilität liegt, so ist es sinnvoll, dieses Fremdkapital im Betrieb einzusetzen.

Der Erfolg unternehmerischer Tätigkeit wird nicht nur durch das eingesetzte Kapital, sondern auch durch den Umsatz erzielt. Im Umsatz kommt nämlich der Erfolg eines Unternehmens zum Ausdruck und damit auch sein **Erfolg im Erreichen von Marktanteilen**.

$$\text{Umsatzrentabilität} = \frac{\text{Periodenüberschuss}}{\text{Umsatz}} \cdot 100$$

$$= \frac{-14\,570}{2\,861\,888} \cdot 100 = \underline{\underline{-0{,}51}}$$

Diese Kennzahl macht deutlich, wie viel Prozent der Umsatzerlöse dem Unternehmen als Periodenerfolg für Investitionszwecke und Gewinnausschüttung zuflossen.

In unserem Beispiel ist diese Kennzahl negativ, d. h. wir konnten keinen Anteil vom Umsatzerlös den Investitionen oder den Gewinnausschüttungen zuführen.

Zu beachten ist, dass diese Kennzahl nicht nur den Gewinn als Bestandteil enthält, sondern z. B. auch Erträge aus Beteiligungen, die nicht durch Umsatztätigkeit erzielt wurden.

Bisher müssen wir feststellen, dass unser Unternehmen für eine Geldanlage nicht interessant ist. Wir müssen uns aber auch fragen, ob es weitere **Kennzahlen** gibt, die die **Ertragskraft eines Unternehmens besser zum Ausdruck bringen**. Es ist zu beachten, dass dem Unternehmen nicht nur der erwirtschaftete Überschuss für die Finanzierung von Investitionen zur Verfügung steht. In den Selbstkosten sind Abschreibungen enthalten, die dem Unternehmen zur Ersatzbeschaffung von Anlagen zufließen können. Ebenso erlauben Rückstellungen eine spätere Schuldentilgung und stehen bis dahin zur Finanzierung von Investitionen zur Verfügung.

Aus diesen Größen berechnen wir den **„Cash flow“**, der deutlich macht, in welchem Maße sich ein Unternehmen aus eigener Kraft finanzieren kann.

Cash flow = Periodenüberschuss + Abschreibungen =

$$-14\,570 + 207\,500 = \underline{\underline{192\,930}}$$

$$\text{Cash flow in \% vom Gesamtkapital} = \frac{\text{Cash flow}}{\text{durchschnittlich eingesetztes Gesamtkapital}} \cdot 100$$

$$= \frac{192\,930}{10\,191\,545} \cdot 100 = \underline{\underline{1{,}89\ \%}}$$

Der Cash flow in Beziehung zum Gesamtkapital ergibt eine Kennzahl, die ausdrückt, in welchem Maße das investierte Kapital während der Periode dem Unternehmen über den Umsatz Mittel zur Substanzerhaltung, für Neuinvestitionen, zur Schuldentilgung und Gewinnausschüttung zuführte. Nach einer größeren Investitionsphase geht der Gewinn eines Unternehmens oft zurück, weil die Abschreibungsaufwendungen den Erfolg schmälern, bevor die Investitionen zu Ertragsverbesserungen führen können. Da höhere Abschreibungen auch Steuerersparnisse nach sich ziehen, nehmen die gesamten, selbst erwirtschafteten Mittel (= Cash flow) erheblich zu. Bei Unternehmen, deren Erweiterungsinvestitionen vorerst beendet sind, nehmen die Abschreibungsaufwendungen ab. Die rückläufigen Abschreibungen erhöhen also den Gewinn und verringern gleichzeitig den Cash flow. Die Fähigkeit, zukünftig Investitionen aus selbst erwirtschafteten Mitteln zu finanzieren, wird geringer.

Damit zeigt der Cash flow besser als der Gewinn die Entwicklung der Ertragskraft eines Unternehmens.

In unserem Falle sind wohl Investitionen getätigt worden, der Cash flow ist positiv, während der Gewinn negativ ist. Die Ertragskraft unseres Unternehmens ist deshalb positiv zu beurteilen.

Ermitteln Sie die Risiken eines Unternehmens:

Bei einer Geldanlage ist es wichtig zu wissen, welche Rendite man zu erwarten hat. Ebenso wichtig ist es aber auch zu wissen, wie sicher das investierte Kapital angelegt ist. Je höher das Eigenkapital ist, desto geringer ist das Risiko, dass einem Unternehmen Mittel entzogen werden.

$$\text{Eigenkapitalanteil} = \frac{\text{Eigenkapital}}{\text{Gesamtkapital}} \cdot 100 =$$

$$= \frac{3\,638\,430}{10\,191\,545} \cdot 100 = \underline{\underline{35{,}70\ \%}}$$

Das Verhältnis von Eigenkapital zu Gesamtkapital kennzeichnet also die Kreditwürdigkeit eines Unternehmens.

In unserem Falle beträgt der Eigenkapitalanteil 35,70 %. Ein Vergleich mit Unternehmen der gleichen Branche ist sinnvoll. Liegt unser Eigenkapital höher als der Branchendurchschnitt, so sind wir entsprechend kreditwürdiger.

Setzt man das Fremdkapital zum Eigenkapital ins Verhältnis, so bekommt man Aufschluss über die Schuldensituation eines Unternehmens.

$$\text{Verschuldungskoeffizient} = \frac{\text{Fremdkapital}}{\text{Eigenkapital}} \cdot 100 =$$

$$= \frac{6\,553\,115}{3\,638\,430} \cdot 100 = \underline{\underline{180{,}11\ \%}}$$

Der Verschuldungskoeffizient gibt in Prozent an, wie viel Fremdkapital gemessen am Eigenkapital des Unternehmens vorhanden ist.

In unserem Falle übersteigt das Fremdkapital um rund 80 % das Eigenkapital.

Die Zusammensetzung des Vermögens wird aus dem Verhältnis von Anlagevermögen zu Gesamtvermögen deutlich.

$$\text{Anlagenquote} = \frac{\text{Anlagenvermögen}}{\text{Gesamtvermögen}} \cdot 100 =$$

$$= \frac{8\,492\,500}{10\,191\,545} \cdot 100 = \underline{\underline{83{,}33\ \%}}$$

Die Anlagequote beträgt in unserem Falle 83,33 %. Dies erscheint recht hoch, da eine hohe Anlagequote die Fähigkeit des Unternehmens vermindert, sich konjunkturellen Schwankungen sowie Absatzmarktveränderungen anzupassen. Sie wird damit zu einem Risikofaktor.

Zur Risikoanalyse gehört neben der Beurteilung des Kapital- und Vermögensaufbaus auch eine Untersuchung der Kapitalverwendung.

Langfristig im Unternehmen gebundene Vermögensteile sollen durch langfristiges Kapital finanziert werden. Damit ist gewährleistet, dass die Rückzahlungsverpflichtungen für Fremdkapital nicht die Veräußerung von Vermögensteilen erzwingen, die zur Aufrechterhaltung der Produktion benötigt werden.

$$\text{Anlagendeckung durch Eigenkapital} = \frac{\text{Eigenkapital}}{\text{Anlagevermögen}} \cdot 100 =$$

$$= \frac{3\,638\,430}{8\,492\,500} \cdot 100 = \underline{\underline{42{,}84\ \%}}$$

Die Anlagendeckung durch Eigenkapital beträgt bei uns 42,84 %. Dies scheint verhältnismäßig gering zu sein, doch zeigt auch hier erst ein Vergleich mit den branchenüblichen Marktzahlen die exakte Situation des Unternehmens.

Neben den bisher aufgezeigten Kennzahlen können weitere Kennzahlen über die Zahlungsbereitschaft eines Unternehmens berechnet werden. Es sind dies Kennzahlen, die die **Liquidität** zum Ausdruck bringen.

7.3 Indexanalyse

7.3.1 Verkaufs-Leistungs-Index

Es wird angenommen, dass der Unterschied in den regionalen Marktanteilen auf die jeweilige Verkaufsintensität der Vertreter zurückzuführen ist und andere Faktoren nicht bzw. nur gering wirken. Mithilfe von **Leistungsindizes** lässt sich ein Maß für die Verkaufsleistung der Vertreter feststellen. Diese Leistungszahl ist jedoch für die Beurteilung der Verkaufsleistung nur bedingt brauchbar, da eine Vielzahl von Faktoren in der Praxis wirken und die Leistungsindizes lediglich eine **Maßgröße** bzw. eine Vorgabe darstellen können.

Beispiel:

Das Absatzgebiet eines Betriebes besteht aus vier Regionen – I, II, III und IV –, deren Aufnahmefähigkeit 20 %, 30 %, 10 % und 40 % des Gesamtvolumens von 10 000 Stück beträgt. Der Gesamtmarktanteil des Betriebes beläuft sich auf 20 %.

Es ist die Leistungszahl eines jeden Vertreters zu bestimmen.

Gebiet	Gesamtmarkt in St.	Gesamtmarkt in %	Verkaufssoll in Stück	Verkaufs-Ist in St.	Verkaufs-Ist in %	Marktanteil	Leistungsindex in %
I	2 000	20	400	280	14	14	70,0
II	3 000	30	600	640	32	21,33	106,67
III	1 000	10	200	410	20,5	41	205,0
IV	4 000	40	800	670	33,5	16,75	83,75
Ges.	10 000	100	2 000	2 000	100	20,0	100,0

Die Leistungszahl (I) kann nach folgender Formel berechnet werden:

$$I = \frac{\text{Verkaufs-Ist}}{\text{Verkaufs-Soll}} \cdot 100$$

Für Gebiet I also:

$$I_1 = \frac{280}{400} \cdot 100 = \underline{\underline{70{,}0}}$$

Unter der Annahme, dass lediglich die Vertreterleistung den Verkaufserfolg bestimmt, hat der Vertreter I sein Soll nicht erfüllt, da sein Leistungsindex mit 70 % um 30 % unter der

Norm von 100 % liegt. Der Vertreter III hat sein Soll zu 205 % erfüllt, ist aber im kleinsten Gebiet eingesetzt.

7.3.2 Umsatzanalyse

In der Umsatzanalyse können sowohl der Laspeyres-Index als auch der Paasche-Index herangezogen werden. Man wird als Erstes so vorgehen, dass man die Gesamtumsatzsteigerung berechnet. Danach ist festzustellen, ob die Gesamtumsatzentwicklung auf Preissteigerungen oder auf Mengensteigerungen, d. h. auch auf Marktanteilsausweitung zurückzuführen ist. Das folgende Beispiel soll die Vorgehensweise erläutern:

Beispiel:

In einem kleinen Unternehmen werden 3 Produkte hergestellt. Für diese Produkte wird auf der Basis des Jahres 0 ein Umsatzindex errechnet. Der Umsatz des vierten auf das Basisjahr folgenden Jahres war erstmals größer als der Umsatz des Basisjahres.

Die Betriebsleitung fragt, wie groß der Anteil der Preissteigerung und der Mengensteigerung an der Umsatzsteigerung ist.

	Jahr 0			Jahr 4		
Produkt	Preis in DM	Menge in St.	Umsatz in DM	Preis in DM	Menge in St.	Umsatz in DM
A	120	560	67 200	140	580	81 200
B	80	240	19 200	88	250	22 000
C	30	1 380	41 400	42	1 520	63 840

Berechnung des Umsatzindex

$$I_4 = \frac{\Sigma p_i \cdot q_i}{\Sigma p_o \cdot q_o} \cdot 100$$

$$= \frac{81\,200 + 22\,000 + 63\,840}{67\,200 + 19\,200 + 41\,400} \cdot 100$$

$$= \frac{167\,040}{127\,800} \cdot 100$$

$$= \underline{\underline{130{,}70}}$$

Der Umsatz ist in dem betrachteten Zeitraum (Jahr 0 bis Jahr 4) um 30,70 % gestiegen.

Berechnung der Preiskomponente

Preisindex nach **Laspeyres**:

$$p_4 = \frac{\sum p_i \cdot q_o}{\sum p_o \cdot q_o} \cdot 100$$

$$= \frac{140 \cdot 560 + 88 \cdot 240 + 42 \cdot 1\,380}{120 \cdot 560 + 80 \cdot 240 + 30 \cdot 1\,380} \cdot 100$$

$$= \frac{157\,480}{127\,800} \cdot 100$$

$$= \underline{\underline{123{,}22}}$$

Unter der Annahme, dass im Jahr 4 die gleiche Menge abgesetzt wurde wie im Jahr 0, betrug die Preissteigerung 23,22 %.

Preisindex nach **Paasche**:

$$p_4 = \frac{\sum p_i \cdot q_i}{\sum p_o \cdot q_i} \cdot 100$$

$$= \frac{140 \cdot 580 + 88 \cdot 250 + 42 \cdot 1\,520}{120 \cdot 580 + 80 \cdot 250 + 30 \cdot 1\,520} \cdot 100$$

$$= \frac{167\,040}{135\,200} \cdot 100$$

$$= \underline{\underline{123{,}55}}$$

Unter Berücksichtigung eventueller Mengenänderungen betrug die Preissteigerung 23,55 %.

Berechnung der Mengenkomponente

Mengenindex nach **Laspeyres**:

$$M_4 = \frac{\sum p_o \cdot q_i}{\sum p_o \cdot q_o} \cdot 100$$

$$= \frac{120 \cdot 580 + 80 \cdot 250 + 30 \cdot 1\,520}{120 \cdot 560 + 80 \cdot 240 + 30 \cdot 1\,380} \cdot 100$$

$$= \frac{135\,200}{127\,800} \cdot 100$$

$$= \underline{\underline{105{,}79}}$$

Unter der Annahme, dass im Jahr 4 die gleichen Preise gegolten haben wie im Jahr 0, stieg die abgesetzte Menge um 5,79 %.

Mengenindex nach **Paasche**:

$$M_4 = \frac{\sum p_i \cdot q_i}{\sum p_i \cdot q_o} \cdot 100$$

$$= \frac{140 \cdot 580 + 88 \cdot 250 + 42 \cdot 1\,520}{140 \cdot 560 + 88 \cdot 240 + 42 \cdot 1\,380} \cdot 100$$

$$= \frac{167\,040}{157\,480} \cdot 100$$

$$= \underline{\underline{106{,}07}}$$

Unter Berücksichtigung eventueller Preisänderungen stieg die abgesetzte Menge um 6,07 %.

Ergebnis

Die drei Berechnungsschritte geben der Unternehmensführung Aufschluss über die den Umsatz beeinflussenden Komponenten:

– Nimmt man die Werte des Basisjahres als Gewichte, so setzt sich die Umsatzsteigerung aus einer Preissteigerung von 23,22 % und einer Mengensteigerung von 5,79 % (Indexformel nach Laspeyres) zusammen.

- Nimmt man die Werte des Beobachtungsjahres als Gewichte, setzt sich die Umsatzsteigerung aus einer Preissteigerung von 23,55 % und einer Mengensteigerung von 6,07 % (Indexformel nach Paasche) zusammen.

7.4 Zeitreihenanalyse/Umsatzprognose

Im betrieblichen Entscheidungsprozess nimmt die Zeitreihenanalyse eine wichtige Stellung ein. Mithilfe der Zeitreihenanalyse ist es möglich, Prognosen für die Zukunft zu erstellen, die gerade für Budgetierung, für Absatzzahlen und dabei besonders für Werbe- bzw. Verkaufsförderungsmaßnahmen von Bedeutung sind.

Die Schritte einer Absatzanalyse seien im folgenden Beispiel aufgezeigt:

Beispiel:

Der Absatz eines Hüttenwerkes hat sich in den vergangenen Jahren wie folgt entwickelt:

Jahr (x)	Absatzmengen in 100 t (y)
J. 1: IV. Quartal	40,8
J. 2: I. Quartal	37,0
II. Quartal	47,8
III. Quartal	44,2
IV. Quartal	44,6
J. 3: I. Quartal	49,3
II. Quartal	43,0
III. Quartal	41,1
IV. Quartal	48,5
J. 4: I. Quartal	52,5
II. Quartal	49,5

Skizzieren Sie die Zeitreihe, und geben Sie (mit Begründung!) an, welchen Trendverlauf Sie vermuten!

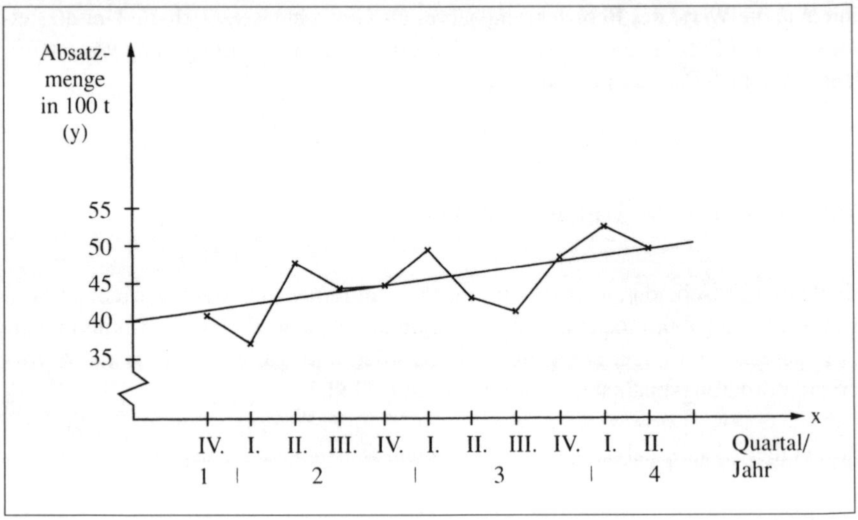

Abb. 25: Zeitreihe und Trend

Der Verlauf der Zeitreihe lässt auf einen linearen Trend schließen; die Zeitreihe ist leicht ansteigend bei im Durchschnitt gleichen Proportionen.

Berechnen Sie eine lineare Trendfunktion mithilfe der beiden Normalgleichungen!

Normalgleichungen:

I. $n \cdot a + b\sum x_i = \sum y_i$

II. $a \sum x_i + b\sum x_i^2 = \sum x_i y_i$

x_i	y_i	x_i	x_i^2	$x_i y_i$
1	40,8	– 5	25	– 204,0
2	37,0	– 4	16	– 148,0
3	47,8	– 3	9	– 143,4
4	44,2	– 2	4	– 88,4
5	44,6	– 1	1	– 44,6
6	49,3	0	0	0
7	43,0	1	1	43,0
8	41,1	2	4	82,2
9	48,5	3	9	145,5
10	52,5	4	16	210,0
11	49,5	5	25	247,5
66	498,3	0	110	99,8

$$\text{I.}\quad 11 \cdot a + 0 \cdot b = 498{,}3$$

$$a = \frac{498{,}3}{11} = 45{,}3$$

$$\text{II.}\quad a \cdot 0 + 110\,b = 99{,}8$$

$$b = \frac{99{,}8}{110} = 0{,}9$$

Trendfunktion mit dem Ursprung auf dem 6. Zeitreihenwert:

$$y_i = 45{,}3 + 0{,}9\ x_i$$

Transformation in den Ursprung um $(x_i - 6)$:

$$y_i = 45{,}3 + 0{,}9\ (x_i - 6)$$

Trendfunktion:

$$y_i = 39{,}9 + 0{,}9\ x_i$$

Berechnen Sie, welche Absatzmengen im III. und IV. Quartal des 4. Jahres zu erwarten sind!

Die Quartale III und IV des 4. Jahres sind weitere Zeitpunkte in der Zeitreihe; die Zeitreihe hat 11 Zeitpunkte, sodass Quartal III der 12. und Quartal IV der 13. Zeitpunkt ist. Da x_i in der Trendfunktion die Zeitpunkte repräsentiert, können die Werte eingesetzt werden:

$$y_{12} = 39{,}9 + 0{,}9 \cdot 12 = \underline{\underline{50{,}7}}$$

$$y_{13} = 39{,}9 + 0{,}9 \cdot 13 = \underline{\underline{51{,}6}}$$

Im Quartal III des 4. Jahres ist ein Absatz von 50,7 t und im Quartal IV des 4. Jahres ein Absatz von 51,6 t zu vermuten, wobei saisonale Einflüsse die Erwartungsgrößen verändern können.

Welche Voraussetzungen sind für eine Trendprognose anzugeben, und welche Vorbehalte müssen Sie geltend machen?

Für Prognosen aufgrund von Zeitreihen muss unterstellt werden, dass die Struktur gleich bleibt, d. h. es darf keine Änderung in der Stärke und der Art des Zusammenwirkens der einzelnen Faktoren, die das Zustandekommen der Ursprungsreihenwerte bewirkten, eintreten.

In der Wahl der zugrunde gelegten Funktionsform wirken subjektive Annahmen mit, d. h. die Prognosewerte weichen je nach gewähltem Prognoseansatz voneinander ab.

Die Kapazität des Unternehmens war im IV. Quartal des 3. Jahres zu 80 % ausgelastet; die Unternehmensleitung fragt, wann die Kapazität vermutlich zu 100 % ausgelastet sein wird.

Der reale Absatz betrug im IV. Quartal des 3. Jahres 4850 t; setzt man ihn mit der Kapazität von 80 % gleich, so errechnet sich die Kapazität von 100 % nach dem Verhältnis:

$$100 : 80 = x : 48{,}5$$

$$x = 60{,}63$$

d.h. die Kapazität beträgt 6 063 t. In der Zeitreihe wird die Kapazität (Absatz) durch y, die Zeitpunkte werden durch x repräsentiert; es ist x zu berechnen:

$$y_i = 39{,}9 + 0{,}9\, x_i$$

$$60{,}63 = 39{,}9 + 0{,}9\, x_i$$

$$x_i = \frac{60{,}63 - 39{,}9}{0{,}9} = \underline{\underline{23{,}03}}$$

Rechnerisch ist die Kapazitätsgrenze zum 23. Zeitpunkt erreicht, wenn die wirtschaftlichen Bedingungen gleich bleiben, wobei die gleichen Einschränkungen wie in der Trendprognose gelten.

Zusammenfassung:

Statistik als Entscheidungshilfe

- Häufigkeitsanalyse
  - grafische Darstellung
  - statistische Maßzahlen
- Kennzahlenanalyse
  - Produktionsstatistik
    Gliederungszahlen/Beziehungszahlen
  - Bilanzanalyse
    Gliederungszahlen/Beziehungszahlen
- Indexanalyse
  - Soll-Ist-Vergleich
    Beziehungszahlen
  - Umsatzanalyse
    Indexzahlen
- Zeitreihenanalyse
  - Trendberechnung und
    Trendprognose

Fragen:

1. Wo wendet man Verhältniszahlen im Betrieb an?
2. Welche Bedeutung haben die Kennzahlen in der Bilanzanalyse?
3. Welche Aufgabe hat die Indexrechnung in der Umsatzanalyse?
4. Wann darf man eine Trendprognose durchführen?

Aufgabe:

Von einem Unternehmen sind folgende Bilanzpositionen bekannt (in Mio DM):

Grundkapital	150
Bilanzgewinn	50
einbehaltener Gewinn	20
Abschreibungen	9
Umsatzerlöse	1 050

Berechnen Sie:

1. die Umsatzrentabilität
2. die Rentabilität des Kapitals
3. den Cash flow!

Beispiel: Wiederbeschaffungswert

Ein Unternehmen hat im Jahr 1 eine Anlage zu 50.000,– DM gekauft. Ein Sachbearbeiter soll einen Anhaltspunkt für den **Wiederbeschaffungswert der Anlage**, der für die Kostenrechnung wichtig ist, berechnen. Die Berechnung findet im 6. Jahr nach der Anschaffung statt.

Die zwischenzeitlich eingetretene Preissteigerung glaubt der Sachbearbeiter durch den **Preisindex der Erzeugerpreise für Investitionsgüter** genügend repräsentiert. Dieser Index weist für den betrachteten Zeitraum folgende Werte auf:

Jahr:	1	2	3	4	5	6
Indexwert:	96,7	100	103,7	106	109,1	114,4

Anhand der vorliegenden Angaben berechnet er einen Wiederbeschaffungswert der Anlage im Jahr 6 wie folgt:

Frage: Die Anschaffungskosten von 50.000,– DM entsprechen dem Index von 96,7; welcher Betrag entspricht dem Index von 114,4?

Berechnung: 96,7 ... 50.000
114,4 ... x

$$96{,}7 : 114{,}4 = 50.000 : x$$

$$96{,}7\,x = 50.000 \cdot 114{,}4$$

$$x = \frac{50.000 \cdot 114{,}4}{96{,}7} = 59.152{,}\text{– DM}$$

Der Wiederbeschaffungswert der Anlage beträgt im 6. Jahr 59.152,– DM.

Anhang

Mathematische Grundlagen der Statistik (Doris Holland)

1 Potenzen

Die Potenzen sind eine verkürzende Schreibweise für die Multiplikation gleicher Faktoren miteinander.

Anstatt $\underbrace{2 \cdot 2 \cdot 2 \cdot 2 \cdot 2 \cdot 2 \cdot 2}_{\text{7-mal}} = 128$

schreibt man verkürzt $2^7 = 128$

Diese verkürzende Schreibweise wendet man nicht nur für konkrete Zahlen, sondern auch für allgemeine Ausdrücke an, z. B.:

$$\underbrace{a \cdot a \cdot a \cdot a \cdot a \cdot a \cdot a \ldots \cdot a}_{\text{n-mal}} = a^n$$

$$(x^2 + 2) \cdot (x^2 + 2) \cdot (x^2 + 2) = (x^2 + 2)^3$$

Der Rechengang ändert sich dadurch nicht, man muss die Klammer ausmultiplizieren. Das n-fache Produkt einer Zahl a mit sich selbst ist die n-te Potenz dieser Zahl, z.B. a^n. Dabei wird a **Basis** (oder Grundzahl) und n **Exponent** (oder Hochzahl) genannt.

Mit dem Taschenrechner lassen sich Potenzen von Zahlen leicht errechnen. Man tippt erst die Grundzahl ein, drückt dann die Taste x^y und gibt dann die Hochzahl ein, z. B. 22^7:
|22| |x^y| |7| = 2 494 357 888

2 Wurzeln

Das Wurzelziehen ist die Umkehrung des Potenzierens. Beim Wurzelziehen stellt sich die Frage: Welche Zahl muss man n-mal potenzieren, um ein bestimmtes Ergebnis zu erhalten?

Beispiel:

Welche Zahl muss man 2-mal (2. Wurzel oder Quadratwurzel) mit sich selbst multiplizieren, um 121 zu erhalten?

$$x \cdot x = x^2 = 121$$
$$x = \sqrt{121}$$
$$x = 11 \text{ oder } x = -11$$

11 ist die Wurzel aus 121, da $11 \cdot 11 = 11^2 = 121$
– 11 ist die Wurzel aus 121, da $(-11) \cdot (-11) = (-11)^2 = 121$

Zieht man aus 121 mit Hilfe eines Taschenrechners die Wurzel, so zeigt der Rechner nur das positive Ergebnis an, obwohl es zwei richtige Ergebnisse gibt.

Aus **negativen** Zahlen lässt sich nicht die Quadratwurzel ziehen. Man findet keine Zahl x, die mit sich selbst multipliziert –121 ergibt. Die gesuchte Zahl x ist entweder positiv oder negativ. Wenn x positiv ist, so ist auch $x \cdot x$ positiv, x^2 kann also nicht negativ werden. Falls x dagegen negativ ist, so ist $x \cdot x$ positiv, denn das Produkt zweier negativer Zahlen wird positiv. Auch so kann x^2 nicht negativ werden.

Beispiel:

Welche Zahl muss man 3-mal (3. Wurzel) mit sich selbst multiplizieren, um 27 zu erhalten?

$$x \cdot x \cdot x = x^3 = 27$$
$$x = \sqrt[3]{27}$$
$$x = 3$$

3 ist die 3. Wurzel aus 27, da $3 \cdot 3 \cdot 3 = 3^3 = 27$
–3 ist hier keine Lösung, da $(-3) \cdot (-3) \cdot (-3) = (-3)^3 = -27$

Man kann also 3. Wurzeln aus negativen Zahlen ziehen.

Verallgemeinert bedeutet das:

- **Gerade** Wurzeln (Quadratwurzel $\sqrt{\ }$, 4. Wurzel $\sqrt[4]{\ }$, 6. Wurzel $\sqrt[6]{\ }$, ...)
  - lassen sich nicht aus negativen Zahlen ziehen
  - aus positiven Zahlen haben immer 2 Ergebnisse, ein negatives und ein positives. Der Taschenrechner zeigt nur das positive Ergebnis an.
- **Ungerade** Wurzeln (3. Wurzel $\sqrt[3]{\ }$, 5. Wurzel $\sqrt[5]{\ }$,...)
  - lassen sich aus negativen Zahlen ziehen. Das Ergebnis ist immer negativ
  - aus positiven Zahlen haben immer nur ein, und zwar ein positives Ergebnis.

Mit dem Taschenrechner lassen sich Wurzeln von Zahlen leicht errechnen. Man gibt erst die Zahl ein, drückt dann die Taste |Inv| bzw. |2nd| und |x^y| und tippt dann ein, die wievielte Wurzel man ziehen will.

Beispiele:

$\sqrt[7]{22}$: |22| |Inv| (bzw. |2nd|) |x^y| |7| =1,5552
$\sqrt[7]{-22}$: |–22| |Inv| (bzw. |2nd|) |x^y| |7| =– 1,5552
$\sqrt[6]{729}$: |729| |Inv| (bzw. |2nd|) |x^y| |6| = 3 und –3

3 Summenzeichen

Das Summenzeichen dient der vereinfachenden und verkürzten Schreibweise von Summen. Es lassen sich Summen mit beliebig vielen Summanden ohne große Schreibarbeit darstellen.

Man schreibt: $a_1 + a_2 + a_3 + \ldots + a_{n-1} + a_n = \sum_{i=1}^{n} a_i$

Der Ausdruck wird gelesen: Summe der a_i für i von 1 bis n

Dabei bedeuten:

Σ Summenzeichen
a_i das i-te Summenglied, z. B. a_3, der 3. Summand
i Summationsindex
1 Summationsanfang } werden oft
n Summationsende } weggelassen

Beispiel:

Die durchschnittlichen Ausgaben der privaten Haushalte für Kosmetika sollen aus einer Befragung von 400 repräsentativ ausgewählten Haushalten errechnet werden.

Es ergibt sich für die Durchschnittsausgaben folgende Formel:

$$\bar{x} = \frac{\sum_{i=1}^{n} x_i}{n} = \frac{x_1 + x_2 + x_3 + \ldots + x_{400}}{400}$$

Dabei bedeutet beispielsweise x_{63} die Ausgaben des 63. befragten Haushaltes für Kosmetika.

Das Summenzeichen verkürzt die Darstellung einer Formel, wie es die Formeln zur Ermittlung von Indexzahlen in diesem Buch zeigen. Die Berechnungsweise, also das Aufaddieren der einzelnen Summanden, wird dadurch nicht verändert.

Beispiel:

Ein Unternehmen hatte im Jahre 1990 folgende Quartalsumsätze:
$Q_1 = 2\,300\,000$ $Q_2 = 1\,600\,000$ $Q_3 = 1\,850\,000$ $Q_4 = 1\,950\,000$
Für den Jahresumsatz ergibt sich folgende Formel:

$$\text{Jahresumsatz} = \sum_{i=1}^{4} Q_i = Q_1 + Q_2 + Q_3 + Q_4 =$$

$$= 2\,300\,000 + 1\,600\,000 + 1\,850\,000 + 1\,950\,000 =$$
$$= 7\,700\,000 \text{ DM}$$

4 Konstanten und Variablen

Formeln und Gleichungen werden aus sogenannten Konstanten und Variablen gebildet.

Beispiel:

$y = f(x) = 32 + 3 \cdot x$

Die in den Formeln auftretenden Zahlen werden als **Konstanten** bezeichnet, ebenso Buchstaben, die für bestimmte, sich nicht verändernde Zahlen stehen. Solche Konstanten werden entweder mit den Buchstaben a, b, c, d ... gekennzeichnet oder mit sinnvollen Abkürzungen, die sich aus dem konkreten Zusammenhang ergeben. Ein bekanntes Beispiel ist die Bezeichnung K_f für die Fixkosten.

Im obigen Beispiel sind 32 und 3 die Konstanten.

Variable (Veränderliche) dagegen hängen voneinander ab. Sie ändern sich, wenn sich die anderen Variablen ändern. Variablen werden in der Regel mit den Buchstaben x, y, z bezeichnet oder analog den Konstanten mit sinnvollen Abkürzungen aus dem Zusammenhang. Beispielsweise wird der Umsatz mit U gekennzeichnet.

Im obigen Beispiel sind x und y Variablen, da sich y in Abhängigkeit von x verändert. Wenn x um eine Einheit steigt, wird y um 3 Einheiten größer.

5 Lineare Funktion

Um den Zusammenhang zwischen 2 Merkmalen zu beschreiben, wird in der Statistik oft auf die linearen Funktionen zurückgegriffen, die die einfachste Form einer mathematischen Funktion darstellen. In der Zeitreihenanalyse beschreibt man beispielsweise den Zusammenhang zwischen der Zeit und einem weiteren Merkmal, wie dem Umsatz, mit einer linearen Trendfunktion.

Eine lineare Funktion lässt sich grafisch durch eine **Gerade** darstellen und hat die allgemeine Funktionsgleichung:

$y = b \cdot x + a$

Dabei sind a und b Konstanten und x und y Variablen. b gibt die Steigung der Geraden an, a den Schnittpunkt mit der y-Achse (Ordinatenabschnitt).

Beispiel:

$y = 2 \cdot x + 5$

$b = 2 \rightarrow$ positive Steigung
$a = 5 \rightarrow$ Schnittpunkt mit der y-Achse im Punkt (0;5)

Eine Gerade lässt sich mithilfe von 2 Punkten zeichnen. Setzt man z. B. x = 5, so ergibt sich y = 15. Man erhält folgendes Bild

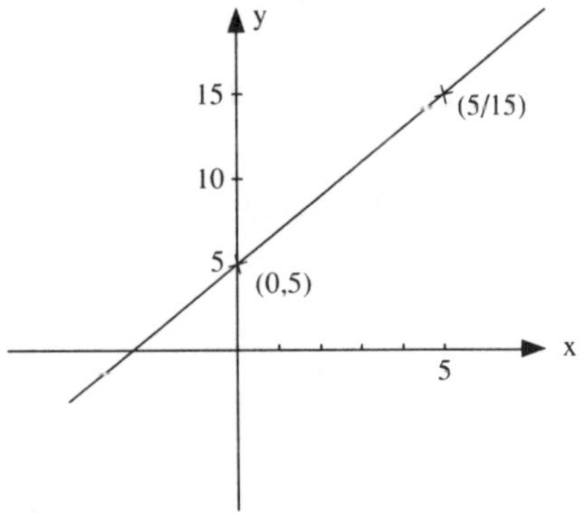

Beispiel:

$y = -\frac{1}{2} \cdot x - 3$

$b = -\frac{1}{2}$
$\rightarrow$ fallende Gerade
= –3
$\rightarrow$ Schnittpunkt mit der y-Achse (0;–3)

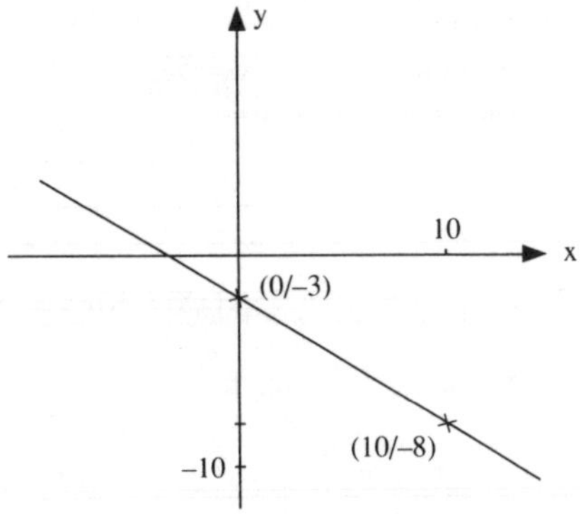

Wie oben beschrieben, sind lineare Funktionen eindeutig durch 2 Punkte oder durch einen Punkt und die Steigung bestimmt, sodass eine Ermittlung der Funktionsgleichung aus sehr wenigen Informationen möglich ist.

2-Punkteform: $\frac{y_2 - y_1}{x_2 - x_1} = \frac{y_1 - y}{x_1 - x}$

Sie lässt sich immer anwenden, wenn 2 Punkte einer Geraden bekannt sind.

Beispiel:

2 Punkte sind bekannt: $x_1 = 1\,000 \quad y_1 = 15\,000$
$x_2 = 900 \quad y_2 = 13\,800$

2-Punkteform $\frac{13\,800 - 15.000}{900 - 1.000} = \frac{15\,000 - y}{1\,000 - x}$

$$\frac{-1\,200}{-100} = \frac{15\,000 - y}{1\,000 - x}$$

$$12 \cdot (1\,000 - x) = 15\,000 - y$$

Die Funktionsgleichung lautet: $y = 12 \cdot x + 3\,000$

Punktsteigungsform $b = \frac{y_1 - y}{x_1 - x}$

Sie lässt sich immer anwenden, wenn 1 Punkt und die Steigung einer Geraden bekannt sind.

Beispiel:

Punkt: $x_1 = 100 \quad y_1 = 10\,000$
Steigung: $b = 50$
Punktsteigungsform

$$50 = \frac{10\,000 - y}{100 - x}$$

$$5\,000 - 50 \cdot x = 10\,000 - y$$

Die Funktionsgleichung lautet: $y = 50 \cdot x + 5\,000$

Lösungen zu den Fragen

Kapitel 1: Grundlagen der Statistik in der Betriebswirtschaft

1. Der Begriff Statistik wird in zwei Bedeutungen verwendet:
   - zahlenmäßige Zusammenstellung von Ergebnissen einer Untersuchung
   - statistische Methodenlehre
2. Voraussetzungen zur Anwendung statistischer Methoden:
   - Massenerscheinungen
   - zahlenmäßige Erfassbarkeit
3. Untersuchungsobjekt: Einheit, mit der sich die statistische Untersuchung beschäftigt
   Merkmal: Eigenschaft, die an dem Untersuchungsobjekt gemessen wird
   Merkmalsausprägung: Eigenschaftsausprägung, Wert der betreffenden gemessenen Eigenschaft
4. Untersuchungsobjekt: Unternehmen X, Merkmal: Umsatz
   Merkmalsausprägung: 5,5 Mio. DM
5. Nominalskala: Rechtsform, Branche
   Verhältnisskala: Umsatz, Gewinn
6. Bevor Daten erfasst werden, sollte zunächst analysiert werden, welche Daten vorhanden sind, um den Aufwand zu minimieren.

Kapitel 2: Datenerfassung und -aufbereitung

1. Sekundärstatistik:
   Vorteile: schnell, kostengünstig
   Nachteile: Daten eventuell veraltet und nicht genau zur Fragestellung passend
2. Sekundärstatistik, da die Daten in Portugal bereits vorliegen
3. Sekundärforschung, Daten stammen vom Statistischen Bundesamt und der Bundesanstalt für Arbeit
4. Der Repräsentationsschluss, der Schluss von der Stichprobe auf die Grundgesamtheit, ist nur bei Repräsentativität der Stichprobe zulässig.
5. Tabelle, die allen Merkmalsausprägungen die beobachteten Häufigkeiten zuordnet
6. In der 1. Tabelle ist der Informationsverlust gering, da die Klassen nicht sehr bereit sind. Die Übersichtlichkeit ist in der 2. Tabelle besser, da diese durch größere Klassenbreiten verkürzt wurde.

Kapitel 3: Darstellung des statistischen Materials

1. Da ein Histogramm eine flächenproportionale Darstellung ist, sind bei ungleichen Klassenbreiten die Höhen der Säulen in Abhängigkeit von der Klassenbreite zu berechnen.

2. Aufsteigende Summenkurve: Klassenobergrenze
   Abfallende Summenkurve: Klassenuntergrenze
3. Die Gleichverteilungsgerade wird zur Interpretationserleichterung eingezeichnet.

Kapitel 4: Statistische Maßzahlen

1. Mittelwert geben die Lage einer Verteilung auf der Abszisse an. Streuungswerte geben Auskunft über die Abweichung der Einzelwerte von dem Mittelwert.
2. Der Modus wird nur von den Größenverhältnissen an einer Stelle beeinflusst.
3. Das gewogene arithmetische Mittel wird berechnet, wenn eine Grundgesamtheit mehrere gleiche Merkmalswerte enthält.
4. Bei der Berechnung der mittleren Abweichung werden die Abweichungen der Beobachtungswerte vom arithmetischen Mittel betragsmäßig addiert, bei der Standardabweichung werden die Abweichungen quadriert.
5. $Mo = 17$, $Mz = 17$, $\bar{x} = 18$, $\sigma = 1{,}7889$
6. Der Variationskoeffizient ist ein relatives Streuungsmaß, er ist von der Dimension der Merkmalswerte unabhängig und damit zum Vergleich der Streuung verschiedener Verteilungen geeignet.

Kapitel 5: Verhältniszahlen und Indexzahlen

1. Man setzt statistische Zahlen, das können Merkmalswerte oder Häufigkeiten von Merkmalsausprägungen sein, durch Quotientenbildung in Beziehung.
2. Eine Gliederungszahl drückt den Anteil einer Teilmasse an der zugehörigen Gesamtmasse aus.
   Eine Beziehungszahl setzt verschiedenartige Massen mit verschiedenartigen Zähleinheiten (z. B. km^2 und Einwohner; Pkw und Einwohner über 18 Jahre) ins Verhältnis (Dichteziffern).
3. Durch Indexzahlen wird die zeitliche Entwicklung einer Vielzahl von Merkmalswerten wiedergegeben. Ihre volkswirtschaftliche Bedeutung liegt darin, dass sie u. a. die preisliche und mengenmäßige Entwicklung vieler Wirtschaftszweige darstellen.
4. Das Statistische Bundesamt in Wiesbaden z. B. im Statistischen Jahrbuch
5. Er wird vom Statistischen Bundesamt berechnet und gibt die durchschnittliche Preisveränderung für einen Warenkorb an, d. h. er sagt aus, was der Warenkorb früher und heute kostet.
6. Man benutzt die Gewichtung nach LASPEYRES, weil dadurch der Warenkorb nur zur Basisperiode erhoben werden muss (Kostenersparnis), lediglich die Preise müssen Monat für Monat (jeweils zum 15.) erhoben werden.

Kapitel 6: Zeitreihenanalyse

1. Eine statistische Zeitreihe ist ein Sachverhalt, bei dem die statistischen Werte ihrem Entstehungszeitpunkt oder -zeitraum zugeordnet sind.

2. In der Zeitreihenanalyse sucht man Erkenntnisse darüber, welche Einflussgrößen den Verlauf der untersuchten Sachverhalte beeinflusst haben. Dabei sollen die Einflussgrößen auch zahlenmäßig festgestellt werden.
3. Langfristig der Trend und der Konjunkturzyklus; kurzfristig die Saison; einmalig die Restkomponente, die aus Brüchen (erklärbar) und Zufall (nicht erklärbar) besteht.
4. Mit der Trendberechnung wird die langfristige Hauptrichtung der zeitlichen Entwicklung berechnet. Unter Prognose dieser Hauptrichtung erhält man Anhaltspunkte für die zukünftige Entwicklung.
5. Treten im Verlauf der Zeitreihe regelmäßige Schwankungen mit gleicher Periodenlänge auf, dann benutzt man die Methode der gleitenden Mittelwerte.

   Kann man im Verlauf einer Zeitreihe eine Entwicklungsrichtung feststellen und will man diese Entwicklungsrichtung in der Zukunft prognostizieren, dann benutzt man die Methode der Berechnung einer Trendfunktion.

Kapitel 7: Statistik als Entscheidungshilfe

1. Verhältniszahlen können überall im Betrieb angewandt werden, d. h. in der Beschaffung, in der Produktion, im Absatz, in der Finanzierung und in der Verwaltung, wie z. B. in der Personalverwaltung.
2. Die Kennzahlen der Bilanzanalyse sind Verhältniszahlen; sie setzen sinnvolle Zahlen der Bilanz zueinander in Beziehung.
3. Der vom Statistischen Bundesamt veröffentlichte Preisindex der Lebenshaltung gibt die Kaufkraft des Geldes (der DM) wieder. Dividiert man den Umsatzindex durch den Preisindex der Lebenshaltung, so erhält man die Mengenkomponente des Umsatzes, da der Umsatz aus der Multiplikation von Preis und Menge entsteht.
4. Eine Trendprognose darf man dann durchführen, wenn eindeutig eine langfristige Entwicklungsrichtung erkennbar ist und die wirtschaftlichen Bedingungen voraussichtlich konstant bleiben.

Lösungen zu den Aufgaben

Kapitel 1: Grundlagen der Statistik in der Betriebswirtschaft

1. Problemstrukturierung
   Festlegung der Grundgesamtheit: Sollen alle Mitarbeiter in der Auswertung berücksichtigt werden, oder werden bestimmte Gruppen (wie Teilzeitbeschäftigte, im Laufe des Jahres Pensionierte oder Gekündigte) ausgeschlossen?
   Festlegung des Zeitraums, der in der Untersuchung berücksichtigt wird.
   Festlegung des Tatbestandes: Was sind Krankheitstage (Attest, unentschuldigtes Fehlen)?
2. Analyse des vorhandenen Materials
   Ist eine solche Untersuchung schon einmal gemacht worden?
   Sollte man aus Gründen der Vergleichbarkeit genauso vorgehen?
3. Datenerfassung
   Sekundärforschung, da Daten in der Personalkartei bereits vorliegen. Sollte wegen der großen Datenmenge (15 000 Beschäftigte) eine Stichprobe zur Beantwortung der Frage genügen?
4. Datenaufbereitung
   Codieren der Daten zur Auswertung mithilfe der EDV, Klassenbildung
5. Auswertung
   Grafische Darstellung und Anwendung von statistischen Verfahren
6. Interpretation
   Schlussfolgerungen und Empfehlungen

Kapitel 2: Datenerfassung und -aufbereitung

Aufgabe 1:

Sekundärstatistik: Suche nach Daten über die Altersstruktur der griechischen Bevölkerung in griechischen und internationalen Statistiken. Möglicherweise entstehen Probleme durch nicht aktuelle Daten und anders festgelegte Altersklassen.
Primärstatistik: Eigene Erhebung nur, wenn keine Sekundärstatistik vorliegt, eventuell Stichprobenbildung und Befragung in ausgewählten Gebieten (Teilerhebung) unter Beachtung der Repräsentativität

Aufgabe 2:

Zunächst wird der Abstand zwischen größtem und kleinstem Wert ermittelt: 2 000 – 500 = 1 500.
Bei 5 Klassen müsste die Klassenbreite 1500/5 = 300 betragen.
Bei einer Klassenbreite von 300 würde der kleinste Wert genau auf die Klassenuntergrenze der ersten Klasse fallen; der größte Wert würde auf die Obergrenze der letzten Klasse fallen.

Sinnvoller ist es, die Klassenbreiten etwas größer anzusetzen, damit eventuell weitere Daten erfasst werden können, auch wenn sie geringfügig größer oder kleiner sind.
Bei einer Klassenbreite von 350 gilt folgende Häufigkeitstabelle:

Umsatz in DM	Anzahl der Tage
350 bis unter 700	1
700 bis unter 1 050	5
1 050 bis unter 1 400	2
1 400 bis unter 1 750	4
1 750 bis unter 2 100	8

Kapitel 3: Darstellung des statistischen Materials

Aufgabe 1:

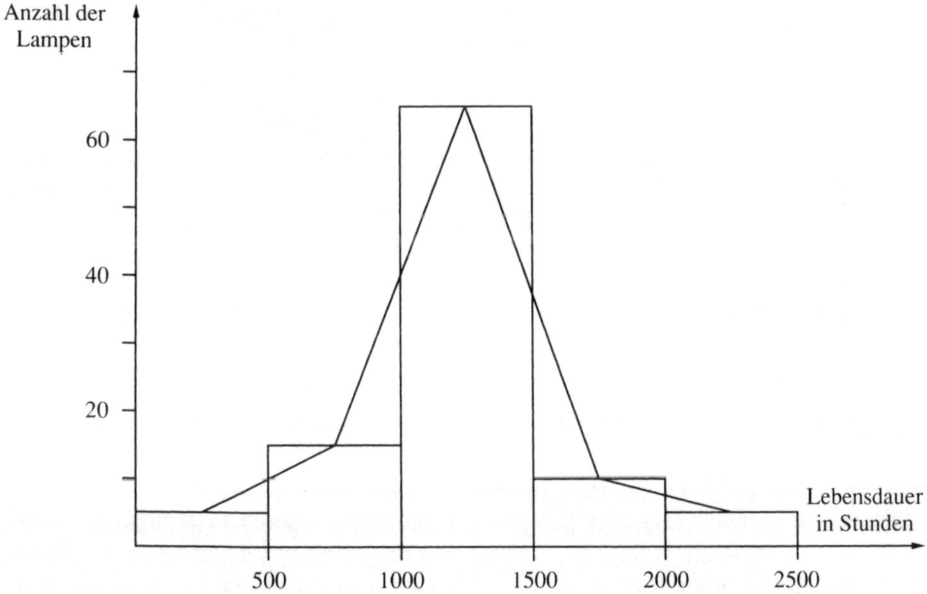

Abb. 26: Histogramm und Polygon

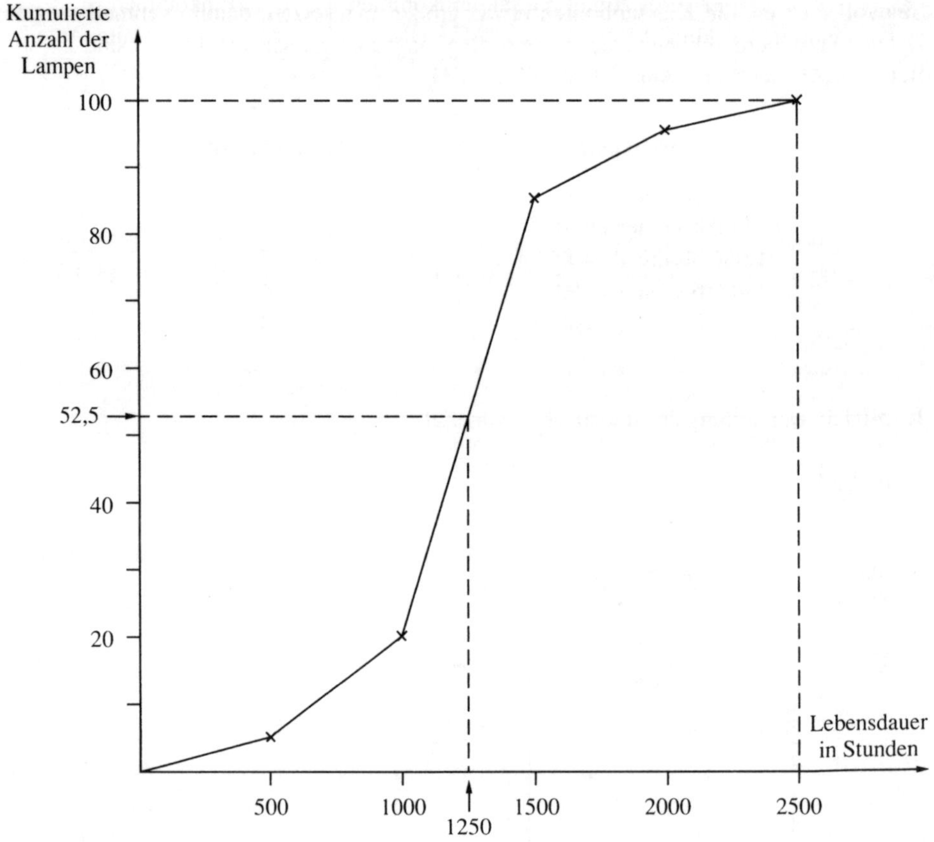

Abb. 27: Summenkurve

Aufgabe 2:

Zwei Merkmale werden in der Konzentrationskurve gegenübergestellt:

- die Anzahl der Erwerbstätigen durch Berechnung der aufsteigend kumulierten Anteile
- das insgesamt gezahlte Einkommen in Mio. DM durch Multiplikation der Klassenmitte mit der Anzahl der Erwerbstätigen (= Gesamteinkommen der Erwerbstätigen in der entsprechenden Klasse), Umrechnung in Anteile und aufsteigende Kumulation

Klassenmitte	Erwerbstätige kum. Anteil	Gesamteinkommen in Mio. DM	Einkommen Anteil	Einkommen kum. Anteil
300	8,8 %	675	1,3 %	1,3 %
700	12,8 %	714	1,4 %	2,7 %
900	17,0 %	963	1,8 %	4,5 %
1 100	22,1 %	1 430	2,7 %	7,2 %
1 300	27,6 %	1 833	3,5 %	10,7 %
1 600	44,0 %	6 704	12,8 %	23,5 %
2 000	63,9 %	10 180	19,5 %	43,0 %
2 350	74,1 %	6 133,5	11,7 %	54,7 %
2 750	82,9 %	6 187,5	11,8 %	66,5 %
3 500	92,0 %	8 155	15,6 %	82,1 %
4 500	100,1 %	9 315	17,8 %	99,9 %
		52 290		

Abbildung zu Aufgabe 2

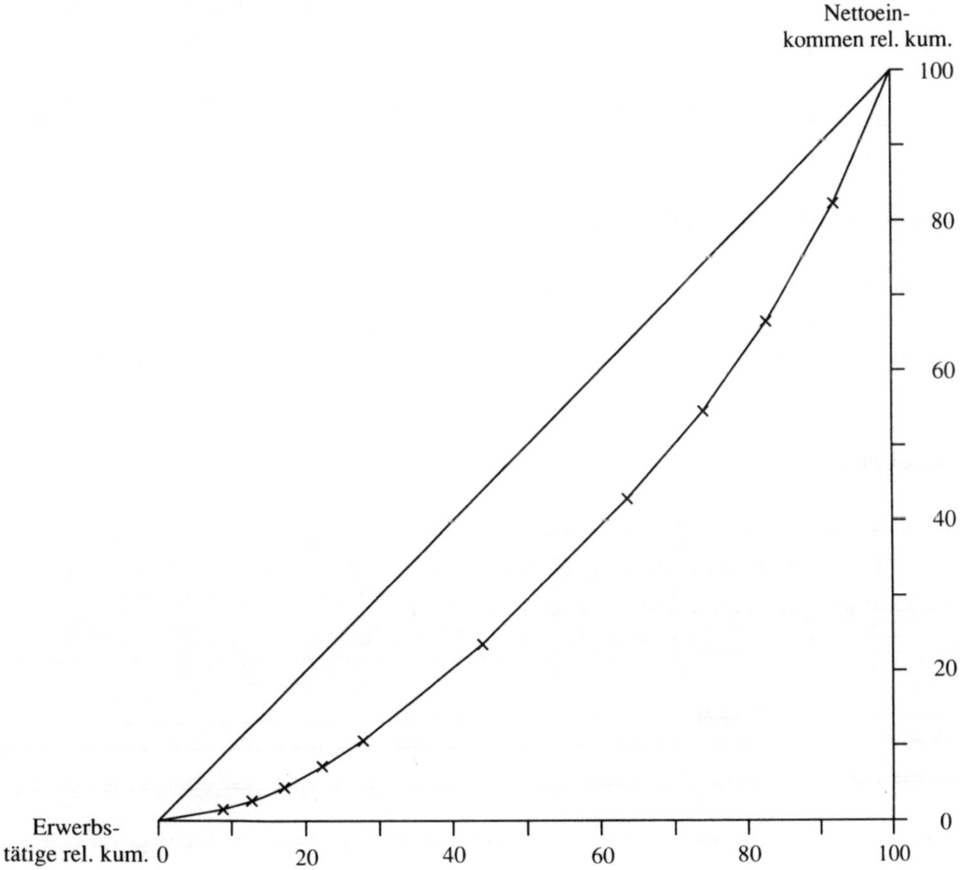

Abb. 28: Konzentrationskurve

Aufgabe 3:

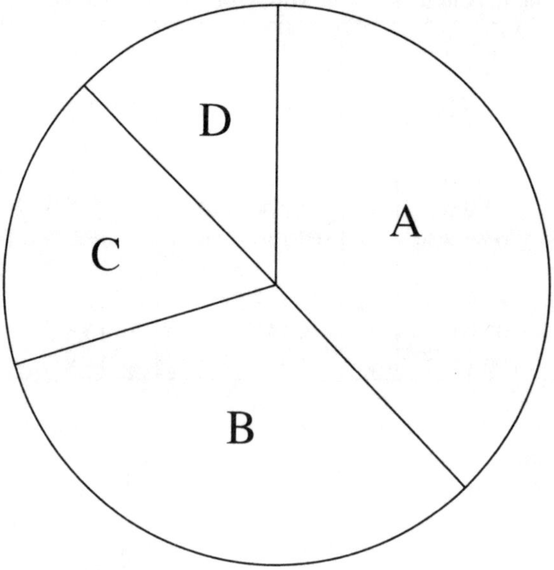

Abb. 29: Kreisdiagramm

Kapitel 4: Statistische Maßzahlen

Aufgabe 1:

Umsatz der 21 Filialen in geordneter Form:
12, 18, 23, 29, 36, 38, 42, 42, 49, 55, 58, 65, 82, 84, 87, 88, 91, 92, 95, 99, 105
$Mo = \underline{\underline{42}}$ $Mz = \underline{\underline{58}}$ $\bar{x} = 1290/21 = \underline{\underline{61{,}4286}}$

Aufgabe 2:

$$Mz = 2 + \frac{50{,}5-30}{35} \cdot 2 = \underline{\underline{3{,}1714}} \qquad Mo = 2 + \frac{35-30}{70-30-20} \cdot 2 = \underline{\underline{2{,}5}}$$

$\bar{x} = 340/100 = \underline{\underline{3{,}4}}$ $\sigma^2 = 424/100 = \underline{\underline{4{,}24}}$ $\sigma = \underline{\underline{2{,}0591}}$

Kapitel 5: Verhältnis- und Indexzahlen

Aufgabe 1:

a) $$I_{Las.} = \frac{\sum p_i \cdot q_o}{\sum p_o \cdot q_o} \cdot 100$$

$$I_1 = \frac{2 \cdot 8 + 6 \cdot 10 + 5 \cdot 7}{3 \cdot 8 + 8 \cdot 10 + 6 \cdot 7} \cdot 100 = \frac{111}{146} \cdot 100 = \underline{\underline{76{,}03}}$$

$$I_2 = \underline{\underline{100}}$$

$$I_3 = \frac{4 \cdot 8 + 10 \cdot 10 + 5 \cdot 7}{3 \cdot 8 + 8 \cdot 10 + 6 \cdot 7} \cdot 100 = \frac{167}{146} \cdot 100 = \underline{\underline{114{,}38}}$$

Unter der Annahme, dass sich die Verbrauchsgewohnheiten nicht geändert haben, lag der Preisindex im Jahr 1 um 23,97 % niedriger und im Jahr 3 um 14,38 % höher als im Jahr 2.

b) Bei Laspeyres wird mit einer konstanten Gewichtung der Mengen aus der Basisperiode operiert, während Paasche die jeweils geltenden Mengen und damit auch die veränderten Verbrauche heranzieht.

Durch die konstante Gewichtung nach Laspeyres wird die reine Preisentwicklung aufgezeigt, während bei Paasche auch Verschiebungen der Mengenrelation wirken.

Aufgabe 2:

Der Preisindex nach Laspeyres erhöhte sich um 4 Punkte. Da er die reine Preiserhöhung bei gleichem Warenkorb angibt, bedeutet dies, dass sich das Preisniveau gehoben hat.

Der Paasche-Index bezieht neben der Preisänderung auch die Mengenänderung ein, d. h. in diesem Fall, dass sich zwar die Preise für den ehemaligen Warenkorb erhöht haben, der Haushalt jedoch aus irgendwelchen Gründen (vermutlich wegen der erhöhten Preise) auf andere Güter ausgewichen ist. Die teurer gewordenen Waren wurden durch billigere Waren ersetzt, so wurde die Preiserhöhung aufgefangen.

Der Paasche-Index blieb konstant, weil sich die artmäßige Zusammensetzung des Warenkorbs geändert hat.

Aufgabe 3:

a) Preisindex: $$I_{0,1} = \frac{3 \cdot 20 + 5 \cdot 20 + 10 \cdot 10}{2 \cdot 20 + 5 \cdot 20 + 8 \cdot 10} \cdot 100 = 118{,}19$$

Die Preise stiegen von Jahr 1 zu Jahr 2 um 18,19 % unter der Annahme, dass die Mengen nicht gestiegen sind.

Mengenindex: $$I_{0,1} = \frac{2 \cdot 20 + 5 \cdot 30 + 8 \cdot 7}{2 \cdot 20 + 5 \cdot 20 + 8 \cdot 10} \cdot 100 = 111{,}81$$

Die Mengen stiegen von Jahr 1 zu Jahr 2 um 11,81 % unter der Annahme gleicher Preise wie im Basisjahr.

b) Ausgaben sind Menge mal Preis ($q \times p$):

$$A_{0,1} = \frac{\Sigma p_1 \cdot q_1}{\Sigma p_0 \cdot q_0} \cdot 100 = \frac{3 \cdot 20 + 5 \cdot 30 + 10 \cdot 7}{2 \cdot 20 + 5 \cdot 20 + 8 \cdot 10} \cdot 100 = 127{,}27$$

Die Ausgaben stiegen von Jahr 1 zu Jahr 2 um 27,27 %.

c) Der Begriff „Preisbereinigung" sagt aus, dass der Einfluss der Preise aus den Ausgaben heraus zurechnen ist, damit wird lediglich der Einfluss der Mengenänderung (die reale Steigerung) dargestellt.

In unserem Beispiel die die Ausgabensteigerung durch den Preisindex nach Laspeyres zu dividieren und es ergibt sich Mengenkomponente.

127,27 : 118,9 = 1,0704 daraus folgt, dass nach Laspeyres die Ausgabensteigerung von 27,27 % zu 18,9 % auf die Preissteigerung und zu 7,04 % auf die Mengensteigerung zurück zuführen ist.

Achtung: Da Laspeyres die Mengen des Basisjahres bzw. die Preise des Basisjahres konstant hält, kann sich die Preiskomponente und die Mengenkomponente nicht zur Ausgabenssteigerung exakt addieren.

Kapitel 6: Zeitreihenanalyse

1.

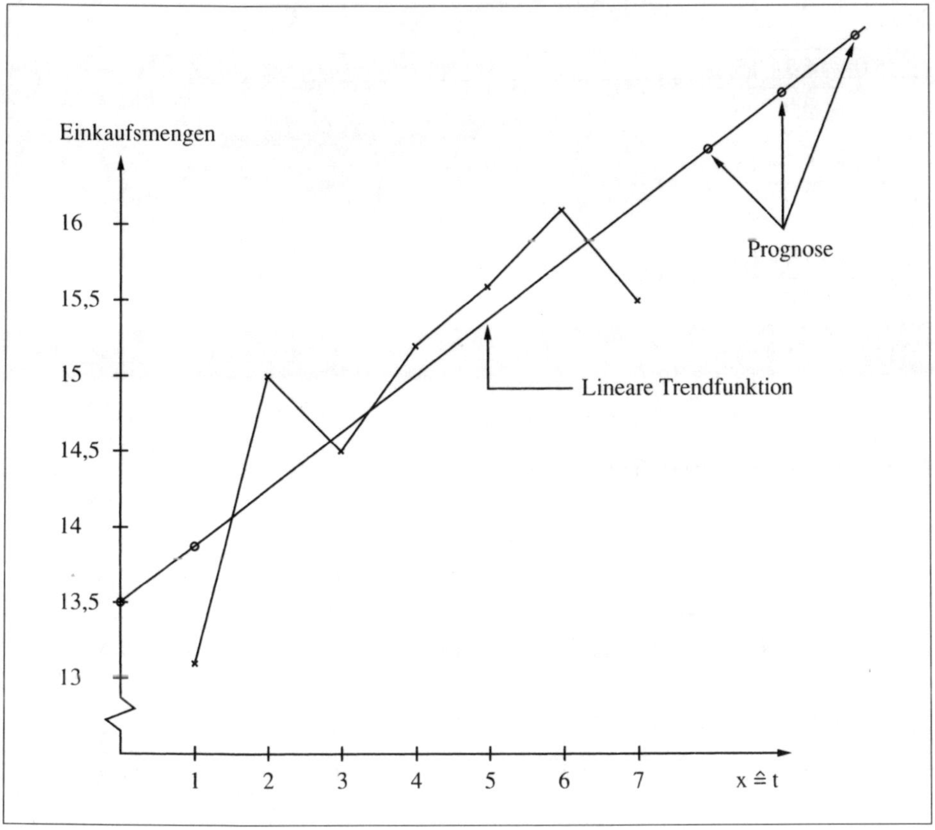

Abb. 30: Trendfunktion

2. Berechnung der Ober- und Unterdurchschnitte

Monate:	1	2	3	4	5	6	7
Mengen:	13,1	15,0	14,5	15,2	15,6	16,1	15,5

$$\frac{57{,}8}{4} = 14{,}45$$

$$\frac{62{,}4}{4} = 15{,}6$$

3. Berechnung der gleitenden 3er Durchschnitte:

$$\frac{13{,}1 + 15{,}0 + 14{,}5}{3} = \underline{\underline{14{,}2}}$$

$$\frac{15{,}0 + 14{,}5 + 15{,}2}{3} = \underline{\underline{14{,}9}}$$

$$\frac{14{,}5 + 15{,}2 + 15{,}6}{3} = \underline{\underline{15{,}1}}$$

$$\frac{15{,}2 + 15{,}6 + 16{,}1}{3} = \underline{\underline{15{,}6}}$$

$$\frac{15{,}6 + 16{,}1 + 15{,}5}{3} = \underline{\underline{15{,}7}}$$

4. Berechnung der linearen Trendfunktion:

Monate (x)	Mengen (y)	$x_i \cdot y_i$	x_i^2
1 = –3	13,1	–39,3	9
2 = –2	15,0	–30,0	4
3 = –1	14,5	–14,5	1
4 = 0	15,2	0	0
5 = 1	15,6	15,6	1
6 = 2	16,1	32,2	4
7 = 3	15,5	46,5	9
0	105,0	10,5	28

$$a = \frac{\sum y_i}{n} = \frac{105}{7} = \underline{\underline{15}}$$

$$b = \frac{\sum x_i y_i}{\sum x_i^2} = \frac{10{,}5}{28} = \underline{\underline{0{,}375}}$$

$y = 15 + 0{,}375 \cdot x$

Rücktransformiert: $x - 4$

$y = 15 + 0{,}375 \cdot (x - 4)$

$\underline{\underline{y = 13{,}5 + 0{,}375 \cdot x}}$

5. Prognose:

$$y_{p8} = 13{,}5 + 0{,}375 \cdot 8 = \underline{\underline{16{,}5}}$$

$$y_{p9} = 13{,}5 + 0{,}375 \cdot 9 = \underline{\underline{16{,}875}}$$

$$y_{p10} = 13{,}5 + 0{,}375 \cdot 10 = \underline{\underline{17{,}25}}$$

6. Die Prognose gilt nur dann, wenn

- die Entwicklungsrichtung, d. h. der Trend gleich bleibt,
- die wirtschaftlichen Bedingungen konstant, d. h. gleich bleiben.

Kapitel 7: Statistik als Entscheidungshilfe

1. Umsatzrentabilität $= \dfrac{\text{Umsatzerlös}}{\text{Betriebsergebnis}} \cdot 100$

$$= \frac{1050}{50} \cdot 100 = \underline{\underline{4{,}8\ \%}}$$

2. Rentabilität $= \dfrac{\text{Gewinn}}{\text{Kapital}} \cdot 100$

$$= \frac{50}{150} \cdot 100 = \underline{\underline{33\ \%}}$$

3. Cash flow $= \dfrac{\text{Abschreibung} + \text{Gewinn}}{\text{Kapital}} \cdot 100$

$$= \frac{20 + 9}{150} \cdot 100 = \underline{\underline{19\ \%}}$$

Literaturverzeichnis

Bleymüller, J., Gehlert, G., Gülicher, H., Statistik für Wirtschaftswissenschaften, 10. Aufl., München 1996

Hippmann, H.-D., Formelsammlung Statistik, Stuttgart 1995

Hippmann, H.-D., Statistik für Wirtschafts- und Sozialwissenschaftler, 2. Aufl., Stuttgart 1997

Holland, H., Holland, D., Mathematik im Betrieb, 5. Aufl., Wiesbaden 1999

Scharnbacher, K., Statistik im Betrieb, 12. Aufl., Wiesbaden 1999

Schulze, P., Beschreibende Statistik, 2. Aufl., München, Wien 1994

Schwarze, J., Grundlagen der Statistik I, Beschreibende Verfahren, 8. Aufl., Herne, Berlin 1998

Stichwortverzeichnis